LES SOLDATS

DU

SACRÉ-COEUR DE JÉSUS

ET DE

MARIE IMMACULÉE

PARIS. TYPOGRAPHIE DE E. PLON ET Cie, RUE GARANCIÈRE, 8.

LES SOLDATS

DU

SACRÉ-COEUR DE JÉSUS

ET DE

MARIE IMMACULÉE

TRADUIT DE L'ITALIEN

PARIS

E. PLON ET Cie, IMPRIMEURS-ÉDITEURS

10, RUE GARANCIÈRE

—

1876

Tous droits réservés

PRÉFACE

———

Que la guerre soutenue avec tant d'héroïsme
par les carlistes, en Espagne, ait pour fin principale la seule défense du droit et le rétablissement
de la religion dans ce pays, plutôt que la satisfaction d'un vain désir de gloire et de domination,
voilà une vérité maintenant reconnue et mise hors
de controverse, au moins par ceux qui ont de
l'intelligence pour comprendre et des yeux pour
voir.

Aussi, le but de ce petit opuscule ne peut
être de démontrer ce que tout homme de bonne
foi, un peu au courant de l'histoire et des faits
qui se passent actuellement, doit admettre, sous
peine de tomber dans une grave erreur, ou d'aller
contre sa propre conscience. Mon but est uniquement de mettre en lumière, en suivant les faits
qui se sont produits jusqu'à ce jour, et de
montrer avec quelle sollicitude particulière Dieu
a veillé sur ces héros valeureux que, bon gré
mal gré, même les ennemis les plus déclarés de

cette cause sont contraints à admirer ; et surtout sur ce Roi qui, le premier, au milieu des égarements de l'âge moderne, a dégainé l'épée, et porté haut son drapeau pour la défense des droits éternels, et qui, le premier, a su se mettre en avant, à ciel ouvert, pour opposer une digue aux fausses maximes d'une politique qui met les peuples plus qu'à la chaîne, à la torture ; un homme qui a su réaliser dans la pratique tout ce que l'infaillible Pie IX avait déjà indiqué comme base fondamentale de la restauration sociale. Aussi, quelle que soit l'issue finale de cette guerre, nne vérité est déjà acquise : de même que ce qu'il a accompli jusqu'à présent lui vaudra, dans les fastes de l'histoire, une gloire immortelle ; ainsi, il n'est personne qui ne puisse dire que Dieu veille sur Charles VII et sur ses héroïques guerriers avec un soin tout spécial dont le souvenir mérite d'être conservé à la postérité. Autant qu'il est permis de tirer des conjectures des simples faits, on peut donc avancer que Dieu a eu pour agréable l'héroïsme de ce prince, et qu'il a l'intention de combler plus tard ses vœux, en dépit du libéralisme conjuré contre lui.

Les faits que je vais rapporter parlent d'eux-mêmes, sans avoir besoin de commentaires ; je les ai puisés dans des documents authentiques émanés de personnes très-liées avec Don Carlos ; la Providence ayant permis que ces pièces précieuses me soient tombées, entre les mains [1].

Je commencerai mon récit un peu avant le blocus de Bilbao ; et, suivant l'ordre du temps et des faits, j'extrairai des lettres, des allocutions, des manifestes de Don Carlos tout ce qui ira à mon but : montrant par ces pièces et ces faits authentiques, non-seulement les attentions toutes spéciales de Dieu à son égard, mais encore les beaux exemples de piété que lui, ses généraux et ses soldats ont donnés avec tant d'éclat. De cette sorte, on verra une fois de plus que la piété est le plus magnifique ornement de la valeur, et que, mieux qu'aucun autre, le véritable catholique sait s'exposer généreusement à la mort, non moins pour Dieu et la religion que pour la patrie.

[1] Il y a dans le texte : « Credetti che sarebbe cosa gradita a molti s'io continuassi ciò, che con questo medesimo scopo il Messaggere del S. Cuore avea comminciato in Francia con due articoli, tradotti in due opuscoli altresi nella nostra lingua, a'quali potrà questo terzo venire aggiunto come seguito degli altri. Per questa ragione io non comincierò se non dove rimasero gli altri due, cioè, etc. »

LES SOLDATS

DU

SACRÉ-COEUR DE JÉSUS

ET DE

MARIE IMMACULÉE

I

LA PROTECTION DU CIEL.

Je commencerai au mois de février 1874 en montrant comment Dieu, d'une manière admirable, a préservé Don Carlos de la mort. Dans une lettre écrite de Baracaldo, le 24 février 1874, Don Carlos raconte comment, durant le siége de Bilbao, ayant devant lui le général républicain à la tête de vingt-cinq mille hommes, ceux-ci n'osèrent pas faire un pas, tandis que ses soldats l'accueillaient avec enthousiasme, et que, parcourant les rangs au milieu de chaleureuses ovations, étant à la portée de l'ennemi qui pouvait facilement le tuer, pas un coup ne fut tiré. Il voit en cela un trait de la bonté de la divine Providence qui veillait sur lui.

« Mais, ajoute-t-il, il n'en fut pas ainsi quand je

poursuivis mon excursion jusqu'au rivage de la mer où la flotte ennemie se tenait à l'ancre. Ils se mirent à tirer de nombreux coups de canon ; les boulets qui partaient des vaisseaux arrivaient jusqu'à mes pieds, me passaient par-dessus la téte et allaient se perdre dans le sable, sans pourtant jamais atteindre personne. » Don Carlos était entouré de son état-major : je ne sais pas bien s'il avait aussi avec lui des soldats, mais je ne le crois pas. Il est certain que cette protection parut miraculeuse à tout le monde. Don Carlos, avec sa suite, entra alors à Portugalete, ruinée en grande partie par les bombes, et comme à un demi-kilomètre de cette ville se tenaient à l'ancre sept navires républicains qui faisaient sur eux un feu horrible, il passa sous cette gréle de boulets, au milieu des ovations que lui fit la cité, sans être atteint en aucune manière.

A Baracaldo, dans les mémes jours, un obus éclata auprès de lui sans faire mal à personne. Là eut lieu une opération extrémement périlleuse. Voici comment Don Carlos en parle dans la même lettre du 24 février : « Ce que nous fîmes alors fut plus grand que tout ce que nous avions entrepris jusqu'ici. Une chose qu'on pourrait difficilement s'imaginer, c'est que je me plaçai ici près de Moriones qui était devant moi, et que, ayant derrière moi Bilbao, et en côté la flotte ennemie d'une part, de l'autre le fleuve, je commençai dans une telle position le bombardement, provoquant ainsi l'ennemi. Aujourd'hui un obus a éclaté à quelques pas de la maison où je me trouve.

Dernièrement, à cette maison, du côté de la mer, une telle brèche a été faite que je pourrais aisément passer par là. »

Dans une autre lettre, datée du 25, il dit : « Mes volontaires ont conservé leurs positions en se conduisant comme des héros, et l'ennemi n'a pu s'approcher d'un pas, bien qu'il eût employé là toutes ses forces, c'est-à-dire plus de vingt-cinq mille hommes. De ma vie je n'ai jamais vu tomber une pareille grêle de balles ; l'artillerie faisait un feu d'enfer, et un grand nombre de projectiles passaient tout près de moi. Les batteries des canons Krupp m'envoyaient de nombreuses décharges dont la dernière atteignit précisément le lieu que j'occupais trois minutes auparavant. » On voit suffisamment par là de combien de périls Dieu l'a délivré.

« Ce que j'admirai le plus, écrivait-il dans une autre lettre, ce fut le sang-froid avec lequel tous nos soldats obéirent à l'ordre d'épargner les cartouches, car nous n'en avions presque plus, et de ne faire feu que lorsque l'ennemi tirait en quelque sorte à bout portant ; et cependant les balles pleuvaient sur nous continuellement d'une manière épouvantable. Dieu intervenait manifestement pour empêcher la destruction de notre armée.

« Après cette journée nos troupes firent éclater des vivats si enthousiastes que l'ennemi, je pense, les aura entendus. Nous trouvons sur le fleuve trois canons dont nous nous emparons aussitôt ; n'en ayant qu'un petit nombre, il nous sembla que c'était véritablement la Providence qui nous les envoyait. »

Dans une autre lettre du 26 février, Don Carlos raconte la victoire, réellement miraculeuse, remportée sur Moriones. L'ennemi perdit près de deux mille hommes morts et blessés. Il sembla que les anges eux-mêmes aidèrent nos soldats; c'était en effet une chose risible de voir comme des hommes si peu nombreux chassaient devant eux avec leurs baïonnettes dix mille ennemis.

Dans une autre lettre, parlant de ses excursions militaires pour visiter les avant-postes, il écrit : « Les pauvres blessés que je rencontrai à chaque pas me disaient des choses à me faire pleurer. Ceux qui ne pouvaient pas se soulever agitaient leur boïna et disaient qu'ils mouraient contents après m'avoir vu !!! Le cheval d'un officier fut blessé auprès de moi ; les soldats se mirent alors à me supplier de me retirer, mais je ne voulus pas le faire tant que dura le feu. Certainement aucun roi au monde n'a des soldats aussi bons, aussi courageux et qui lui donnent tant de témoignages d'affection que les miens. »

Le 26 février, dans une autre lettre, Don Carlos s'exprime ainsi : « Tout ce qui m'arrive est un miracle continuel de Dieu. De rien, une armée, un gouvernement, de braves généraux, tout ce qui est nécessaire a été créé. On se fatigue et l'on avance à force de constance, en recommençant chaque jour de nouveau, avec la même foi dans Notre-Seigneur, après chaque fait d'armes. Ce qui est le plus merveilleux, c'est de voir ce peuple qui donne son sang, son or, tout ce qu'il possède, sachant bien que tout cela pourra difficilement lui être rendu; mais il le donne uniquement inspiré par le sentiment du devoir, par la religion, avec la plus grande joie du monde et avec un enthousiasme qui chaque jour croît davantage. »

En parlant du bombardement de Bilbao, il dit, à la date du 27 mars : « C'est un bien triste spectacle pour moi de voir bombarder une ville d'Espagne, mais cela est nécessaire ! Toutes les mesures de sévérité font grande peine au cœur de celui qui se sent roi de tous les Espagnols !!! »

Dans cette même lettre, parlant des terribles journées de Sommorostro, 25 et 26 mars, il ajoute : « Nous avons remporté une très-belle victoire, malgré l'artillerie si considérable de l'ennemi. Cent canons vomissaient le feu du matin au soir sur notre pauvre infanterie, tandis que nous n'avions que deux véritables canons, les autres n'étant que des pièces de montagne qui n'arrivaient pas même auprès de l'ennemi. Notez cette circonstance, pour reconnaître que la Vierge bénie a veillé sur nous d'une manière très-particulière (le 25 était le jour de l'Annonciation) : cent canons, d'une part, qui envoyaient des boulets du matin au soir, et deux canons seulement de l'autre, et malgré cela deux tiers de plus de morts du côté de l'ennemi que les nôtres repoussèrent, tandis qu'il voulait aller délivrer Bilbao. »

II

LA PROVIDENCE ET LE SECOURS.

Dans une lettre du 28, Don Carlos parle de services merveilleux que lui a rendus Notre-Dame des Sept-Douleurs, dont la fête tombait le 27 (vendredi de la Passion). « Après la bataille de Sommorostro, livrée le 25 et le 26, nous fûmes tout à fait dépourvus de munitions, de sorte que si Serrano nous eût attaqués, il aurait fait de mes pauvres soldats une horrible boucherie. Je passai toute la nuit du 26 au 27 en conseil de guerre. Bien que nous fussions vainqueurs, nous passâmes une terrible nuit; si Serrano, le lendemain, eût commencé, comme on nous l'avait dit, nous étions perdus. Nous envoyâmes chercher des munitions, mais elles ne pouvaient nous arriver que le soir d'après. Mais Notre-Dame des Sept-Douleurs, dont on célébrait la fête, opéra, en notre faveur, un véritable miracle. Tandis que nous entendions la messe en son honneur, au lever du jour, le feu ennemi recommença. Nous demandions tous, dans nos prières, la victoire, mais comment l'espérer, quand nous n'avions plus de cartouches que pour une heure? Marie vint à notre secours. Il s'éleva tout à coup un tel brouillard, que toute la montagne où se trouvaient les batteries ennemies en fut couverte. Elles cessèrent naturellement leur feu, puisqu'on n'y voyait plus.

Le secours d'en haut était manifeste ; les jours précé-
dents, en effet, le soleil resplendissait plus brillant
que jamais, il n'y avait pas le moindre brouillard, et
quelques instants auparavant le ciel, pur et splendide,
était absolument sans nuages. Aujourd'hui les cartouches nous arrivent ; aussi Serrano n'ira pas plus loin.
Ah ! la Vierge nous protége visiblement ! Nous avons
essuyé de grandes pertes, mais celles de l'ennemi sont
bien plus grandes encore, malgré ses cent canons.
Notre victoire a été magnifique ; nous la devons à un
miracle véritable de Notre-Dame des Sept-Douleurs.
Il n'y a pas de soldats au monde pour se battre comme
les miens ; je suis fier d'eux. Le 25 et le 26, l'ennemi
occupait les montagnes, et nous les collines ; par
conséquent, humainement parlant, avec ses cent
canons contre deux, et avec le feu continuel qu'il
faisait sur nous de haut en bas, dominant nos positions, quand les carlistes avaient ordre de ne faire
feu que le moins possible à cause du manque de cartouches, vaincre dans ces conditions n'était chose
possible que par miracle. Après avoir mis en fuite
l'armée de Moriones, forte de vingt-cinq mille
hommes, nous trouvâmes sur le champ de bataille
ennemi deux mille cadavres et près de deux mille
blessés ; nous avons pris un grand nombre de fusils et
de caisses de munitions. Nos pertes atteignent le chiffre
de quatre cents environ. Que le Seigneur soit béni
de tout ce qu'il a fait pour nous. Nos généraux, grâce
au ciel, sont admirables ; mais ce qui nous surprend
encore plus, c'est l'héroïsme de nos braves soldats

prêts à mourir en martyrs inconnus et obscurs, toutes les fois que leur sang est nécessaire pour le triomphe de la religion. Priez beaucoup pour nous; car tandis que nous combattons avec l'épée, vos prières au cœur de Jésus seront, pour notre cause, bien plus efficaces que nos efforts. »

III

BÉNÉDICTION ET GRACE.

Le 30 mars, Don Carlos écrivait : « Ah ! que ce jour anniversaire de ma naissance s'est passé tristement pour moi ! J'ai perdu deux véritables amis, deux héros, Ollo et Radica, qui ont succombé en vrais chrétiens. (Sa Sainteté leur a envoyé avant leur mort la bénédiction papale.) Ils ont été atteints d'un obus à une si grande distance de l'ennemi, qu'il était impossible de l'apercevoir autrement qu'avec une lunette d'approche; le combat alors était presque fini. Peu s'en fallut que nous ne mourrions tous, moi et mon état-major. Quelques minutes auparavant nous étions tous ensemble à cet endroit avec Elio. Par une grande grâce que nous fit la Sainte Vierge, nous nous sommes séparés un instant avant. Peut-être l'ennemi, qui nous voyait réunis, essayait-il de nous perdre ; mais le bon Dieu nous a sauvés. »

Je veux maintenant confirmer ces grâces du ciel dont parle Don Carlos, en citant les articles de quel-

— 13 —

ques journaux. Le *Cuartel Real* du 5 mars 1874, parlant de la terrible bataille de Sommorostro et du triomphe
des carlistes, s'exprime ainsi : « Le Roi, qui profite de
toutes les occasions pour montrer à ses braves soldats
l'amour et l'estime qu'il leur porte, partageant avec
eux tous les dangers de la campagne, sortit du palais
où il demeurait et se rendit à l'endroit du combat, au
milieu des acclamations les plus enthousiastes de la
population et des soldats. Il s'arrêta sur une esplanade,
et fut témoin pendant plusieurs heures des efforts
extraordinaires que faisait l'ennemi pour entamer nos
lignes. Mais nos braves volontaires, qui se battaient
avec leur sérénité accoutumée, repoussaient toujours
leurs attaques.

« Les républicains, après avoir lancé plusieurs bombes
sur le village de San Pedro, sans lui causer heureusement aucun dommage, purent facilement découvrir
avec la lunette d'approche le lieu où se trouvait le Roi ;
ils le reconnurent, car tout à coup les bombes
prirent cette direction. Mais lui, avec une admirable
sérénité et toujours le sourire sur les lèvres, vit tomber
près de lui un grand nombre de boulets, sans pour
cela quitter son poste, avant que le combat fût
terminé. »

Dans le même numéro du *Cuartel Real* on lit ces
lignes : « Le 26 février, Sa Majesté, accompagnée de
deux officiers, se rendit à pied au bourg de Beusto, à la
grande surprise des habitants qui se présentaient aux
balcons et aux fenêtres pour l'acclamer. Au reste,
cette ovation se renouvelle continuellement partout où

il se présente depuis dix-neuf mois qu'il habite ces provinces, sans qu'aucune dépense, aucun revers puisse jamais refroidir l'enthousiasme de ces populations pour leur Roi légitime. Il a visité (comme il fait toujours là où sont des établissements publics ou des couvents) la maison de la Miséricorde destinée aux vieillards et aux orphelins. Sortant de là, il a parcouru un espace entièrement découvert et assez étendu, à une demi-portée du canon des batteries ennemies qui tiraient sur lui, tandis qu'il faisait ce trajet avec ce calme, cette sérénité, ce sang-froid qu'il montre toujours dans tous les dangers. » Ainsi s'exprime le *Cuartel Real.*

IV

CONFIANCE ET RÉCOMPENSE.

Il ne sera pas hors de propos d'observer, comme le fait Don Carlos lui-même dans ses lettres, que le plus souvent les jours de ses plus belles victoires furent des jours consacrés à Marie. Ainsi, parmi les quatre plus grandes victoires remportées dans le nord par les carlistes en 1874, celle du 19 février à Sommorostro, celle de Monte-Abanto, 27 mars, celle de Monte-Jura, 27 juin, et celle du 8 décembre, deux arrivèrent en un jour dédié à la Sainte Vierge, la seconde en la fête de Notre-Dame des Sept-Douleurs, et la dernière en la fête de l'Immaculée Conception : preuve évidente que la divine Marie a voulu récompenser la confiance sans bornes que ce Roi met en elle.

Les discours que les généraux carlistes ont prononcés, après les batailles, montrent qu'eux aussi reconnaissent le puissant secours reçu du ciel pour triompher de l'ennemi.

Les uns commencent leurs allocutions par cette exclamation : « Gloire au Dieu des armées qui protége si visiblement notre Roi et nos volontaires ! » D'autres remercient Dieu et lui attribuent, à lui et à la Vierge bénie, l'honneur de la victoire. On le voit, l'esprit de l'armée ressemble à celui de son Roi; c'est un esprit véritablement catholique. Aussi, le Saint-Père a autorisé Mgr l'évêque d'Urgel à donner la bénédiction papale à cette valeureuse et si catholique armée, toutes les fois qu'il y a un armistice.

Le 2 mai, lendemain de la levée du siége de Bilbao, après un blocus de plusieurs mois, Don Carlos écrivait qu'il n'était aucunement troublé par cet événement, parce que cela était arrivé le premier jour du mois de mai et le samedi. Son langage est aussi calme que s'il eût annoncé une victoire. Il dit que ses soldats se retirèrent en bon ordre, à l'insu de l'ennemi qui les croyait derrière les barricades. L'arrivée de Serrano avec quarante mille hommes et cent canons prussiens l'avait obligé de prendre ce parti. Les carlistes ne perdirent ni un homme, ni un canon dans cette fameuse retraite, qu'on ne put s'empêcher d'acclamer, aussi bien dans les feuilles publiques que dans toutes les villes et les villages où Don Carlos passait. Dans la même lettre du 2 mai, il disait : « Je me sens plus que jamais rempli de confiance en Dieu , en la Sainte Vierge et en mes bons soldats. Je ne vois en cela qu'un fait matériel, sans portée grave ; et les soldats, dans leur bon sens, le comprennent bien et sont pleins d'ardeur comme auparavant. Je n'en doute pas, le temps viendra où nous ferons de grandes choses. » Le plus grand désagrément qu'éprouvaient les carlistes, c'était le manque de canons, surtout depuis que la Prusse avait envoyé à l'ennemi ses nombreux canons Krupp. Eh bien ! Dieu se chargea de son côté de leur en envoyer d'une façon extraordinaire, et dans des circonstances intéressantes et de tout point providentielles.

V

LE DÉBARQUEMENT [1].

Jusqu'ici, tous les essais tentés pour débarquer de l'artillerie avaient échoué, et l'on ne savait plus désormais quel moyen employer pour faire arriver des canons jusqu'aux carlistes. On adressa au Très-Haut des prières qu'il daigna exaucer avec une grande bonté.

Le capitaine Thomas Jefferson, de la marine américaine, offrit son navire à vapeur pour mener à bonne fin

[1] Voir les pièces justificatives, n° I.

cette entreprise. Au premier abord, on accueillit froi-dement sa proposition, attendu que déjà l'on avait souvent eu à se plaindre de ces faiseurs d'offres. Mais le capitaine engagea sa parole, et l'on accepta à la fin ses services. Avant de partir, il déposa dans une maison de banque de Bayonne cent mille dollars, représentant la valeur des canons et des munitions dont il se chargeait d'opérer le transport à ses risques et périls, moyennant le prix de dix mille dollars, de Boston à l'un des ports de la côte cantabrique. Les choses étant ainsi réglées, le capitaine Jefferson s'embarqua pour son pays, à Brest, avec quatre pilotes de Biscaye et un agent carliste. Dix jours après, il débarquait à New-York, où l'agent carliste acheta quatre batteries complètes, avec leurs caissons et leurs munitions, et trois petits canons de montagne, en acier, se char-geant par la culasse.

Le capitaine Jefferson ayant mis, à Boston, la der-nière main aux préparatifs de son navire *le London*, télégraphia à l'agent carliste qu'il serait prêt à embar-quer les canons à Boston le 14 juin. L'agent carliste, ayant alors loué un *tug-boat*, y embarqua les vingt-sept canons avec deux cent cinquante caisses de muni-tions, et prit lui-même passage sur le *tug-boat* qui arriva à Boston le 15 juin à la brune. On était sur le point de prendre la mer quand vint un ordre de la secrétairerie d'État de Washington qui défendait le dé-part. Le cabinet faisait savoir au capitaine Jefferson que les États-Unis ayant reconnu le gouvernement ré-publicain espagnol, il ne pouvait permettre qu'on chargeât des armes destinées aux carlistes, dans un port de l'Union. Jefferson fit changer la direction de son navire et dit qu'il allait au Japon. Dès lors la surveillance cessa.

Le 25 juin il partit, prenant la direction du Japon ; mais à la tombée de la nuit il retourna sur ses pas et jeta l'ancre derrière le cap Farewell, à six milles nord-ouest de Boston. Le capitaine du *tug-boat* était prêt. A la faveur d'un magnifique clair de lune, on commença le transbordement. Les canons et les munitions passèrent à bord du *London,* et le 27 juin, vers huit heures du soir, le *tug-boat,* ayant remis tout ce qu'il avait à bord du *London,* s'éloigna en reprenant le chemin de New-York, tandis que le *London* disparut rapidement dans la direction de l'ouest.

La traversée fut heureuse, et le 5 juillet on reconnut l'embouchure de la Gironde. L'agent carliste, après être parfaitement convenu de tout avec le capitaine Jefferson, quitta le navire et fut conduit le matin du même jour, par un pilote, à Arcachon. Le soir il était à Bayonne, d'où il partit immédiatement pour se rendre à Bermeo, à sept kilomètres de Bilbao, point désigné pour le débarquement. Là, en effet, on avait réuni quatre bataillons carlistes pour protéger les opérations et une centaine de chaloupes auxquelles les croiseurs républicains avaient eu la cruauté d'interdire la pêche, et qui étaient prêtes à aller, avec leurs vaillants rameurs, partout où on leur commanderait de se rendre.

Deux jours après (*risum teneatis, amici*), le télégraphe

de Bilbao signalait au gouvernement de Madrid que les États-Unis venaient d'envoyer un croiseur sur les côtes d'Espagne, afin d'empêcher tout navire américain de débarquer des armes pour les carlistes. Le président Serrano se hâta d'écrire une très-belle lettre au ministre d'Amérique à Madrid, pour le remercier cordialement de cet acte de courtoisie et d'amitié de la république sœur. Le ministre des États-Unis, n'y comprenant rien et n'ayant reçu aucun avis de l'arrivée de ce nouveau croiseur, télégraphia à Washington, le 8 juillet. La réponse lui arrivait le 9, et disait que le gouvernement n'avait envoyé aucun vaisseau sur les côtes d'Espagne. Le ministre, confus, s'empressa de communiquer cette dépêche à Serrano qui, à son tour, télégraphia à la flotte du golfe de Biscaye de surveiller ce navire. Mais il était trop tard ; le prétendu croiseur, qui n'était autre que le pacifique *London,* avait pu entrer le 8 au soir dans le port de Bermeo. Tout le déchargement fut fait avec une si prodigieuse rapidité que le *London* put être déchargé entre neuf heures du soir et cinq heures du matin, et, sans être vu par la flotte espagnole, il put s'éloigner des côtes. Le capitaine Jefferson avait si bien déguisé son vaisseau, mettant en batterie dix-huit canons, et faisant manœuvrer militairement son nombreux équipage, qu'il ne vint à personne l'ombre d'un doute que ce ne fût un vaisseau de guerre américain envoyé pour protéger les républicains.

Qui donc, dans les circonstances particulières de ce fait, ne voit pas la main de Dieu étendue pour protéger et secourir les carlistes? Je noterai seulement que ce débarquement ayant été heureusement opéré, tous les nouveaux venus d'Amérique, aussi bien que les carlistes qui avaient travaillé au transbordement, eurent soin d'entendre une messe d'action de grâces en l'honneur de la Sainte Vierge. C'était le premier jour de la neuvaine de la fête de Notre-Dame du Mont-Carmel, qui fit toujours sentir à Don Carlos les effets de sa protection.

V I

LA FÊTE DU CARMEL ET DON CARLOS.

Trois autres événements signalèrent le jour même de la fête de Notre-Dame du Mont-Carmel. Au centre de l'Espagne, Don Alphonse s'avança jusqu'à Cuença, forteresse formidable qui ne fut prise dans aucune des guerres précédentes, et il l'emporta d'assaut. Les carlistes, dans toutes les autres guerres, n'avaient jamais pénétré si avant au centre de l'Espagne. Ce jour-là, Don Carlos publia son fameux manifeste [1], dont le fond est si conforme à l'esprit catholique, apostolique, romain. La date elle-même fait honneur à ses sentiments religieux. Tous les bons journaux le reproduisirent. Le même jour, Charles VII alla entendre la messe dans un ermitage de la Sainte Vierge, sur le sommet d'une montagne. En même temps, le septième bataillon de

[1] Voir à la fin les pièces justificatives, n° II.

Navarre, qui a pour patronne Notre-Dame du Carmel, célébra à Murieta, où il campait avec la première batterie de campagne, une magnifique cérémonie religieuse. L'autel de Marie inondait, comme d'une mer de lumière, toute l'église ; ce n'étaient que festons, guirlandes et fleurs, et l'image de la Sainte Vierge flottait de toutes parts sur les étendards. La musique répandait les plus doux charmes sur cette cérémonie militaire, et tout inspirait la dévotion et la piété la plus tendre.

Il faudrait maintenant que je rapporte ici, en entier, le très-beau manifeste publié par Don Carlos le 16 juillet 1874. Mais comme il a été déjà reproduit dans beaucoup de feuilles publiques, il suffira que j'en fasse ici une courte analyse. Il commence ainsi : « Espagnols, il y a un an aujourd'hui que j'ai tiré l'épée pour la défense de l'honneur, de la prospérité et de la grandeur de la patrie. Une poignée de braves presque désarmés me soutenaient seuls alors. Nous n'avions plus de recours que notre foi, plus d'espérance que la confiance en Dieu et dans la sainteté de notre cœur... Mais Dieu a récompensé notre foi en exauçant nos vœux. Je me trouve aujourd'hui à la tête d'une armée considérable, vaillante et disciplinée, qui compte autant de victoires que de combats. Les meilleurs généraux de la révolution en sont témoins ; ils sont venus tous nous combattre, et tous s'en sont allés vaincus. La foi dans la force du droit m'a donc donné le droit de la force. »

Il dit ensuite vouloir maintenir intacts tous les

principes représentés par ce drapeau que Colomb a planté dans le nouveau monde, et Ximenès sur les côtes d'Afrique ; que pour cela il a refusé là couronne que lui offraient les hommes de Septembre avant la bataille d'Alcolea. Il exalte le généreux enthousiasme des populations soumises à son autorité, et il confirme tout ce qu'il a dit dans son premier manifeste, ajoutant qu'un roi n'a qu'une parole, et que cette parole demeure à jamais. Il promet à l'Espagne catholique et monarchique de donner satisfaction à tous ses sentiments religieux. Quant aux propriétaires des biens ecclésiastiques, il dit qu'il suivra l'Église de Jésus-Christ, ne faisant un pas ni en avant, ni en arrière [1]. Il promet de rétablir les finances, en faisant fleurir, avec le secours divin et le patriotisme des Espagnols, le commerce et l'industrie. Il prend à témoin Dieu qui voit le cœur des hommes, et qui sait avec quelle affection il aime l'Espagne, la fille de son cœur ; puis, se tournant vers ses ennemis, il termine par ces imposantes paroles : « Ceux qui n'acceptent pas aujourd'hui le signe de réconciliation seront obligés demain de se soumettre à la loi impérieuse de la victoire. »

Il fêta ce jour en entendant la messe à l'ermitage de Notre-Dame *del Puig*. Il voulait en ce jour offrir et consacrer là son épée à la Sainte Vierge. Mais pensant ensuite qu'il serait mieux d'y faire graver d'abord ses victoires, il la remporta avec lui momentanément, afin de l'offrir plus tard comme un gage de sa recon-

Voir à la fin les pièces justificatives, n° III.

naissance à la Sainte Vierge et à Dieu, pour le secours visible et les faveurs prodigieuses qu'ils avaient daigné lui accorder.

Là, le Roi priait Dieu pour son peuple, et le peuple pour son Roi ; le peuple offrait à Dieu son propre sang pour son Roi bien-aimé, et le Roi renouvelait au pied de l'autel ses serments solennels, ou de mourir pour son peuple ou de le sauver ; magnifique lutte d'un amour réciproque, que le vrai catholicisme seul sait inspirer ! Aussi, en parlant de ce fait, le *Cuartel Real* disait avec beaucoup de raison : « Remercions Dieu de nous avoir donné un Roi qui, au courage du soldat, sait joindre une piété si tendre et si vraie, et une si grande intelligence de la haute mission que Dieu lui a confiée. »

VII

PIÉTÉ ET CHARITÉ.

La piété de la Reine ne le cède en rien à celle du Roi. Je vais maintenant en dire quelque chose, avant de montrer dans d'autres faits la protection du ciel en faveur de ces époux royaux qui s'aiment si tendrement, mais que leur amour pour l'Espagne et surtout pour la religion oblige à vivre la plupart du temps séparés l'un de l'autre, depuis déjà quatre années.

Le 21 mars 1874, Dieu accorda à cette pieuse Reine la grâce d'être mère pour la quatrième fois, preuve bien manifeste que le ciel bénit et aime ces augustes époux.

La fille à qui Marguerite donna le jour fut baptisée avec de l'eau du Jourdain par le cardinal-archevêque de Bordeaux, et elle reçut le nom de Marie Béatrix. Le souverain Pontife, en ayant été informé par un télégramme, envoya aussitôt à la mère et à la fille la bénédiction papale. Don Carlos, qui alors se trouvait à Durango, tressaillit de joie en recevant cette nouvelle, et, une demi-heure après, il fit célébrer une messe solennelle avec le *Te Deum*. Ce fut pour tout le peuple une grande fête accompagnée de salves d'artillerie et de brillantes illuminations. Sa petite fille à peine née, Marguerite pensa aussitôt à la consacrer au Sacré-Cœur. Aussi, dès que la chose lui fut possible, elle porta cette enfant bien-aimée dans la chapelle des Dames du Sacré-Cœur, à Pau, et la plaça sur l'autel devant le tabernacle. Là eut lieu une scène admirable, qui véritablement toucha le cœur des assistants : durant les prières de la consécration au Sacré-Cœur de Jésus et de Marie Immaculée, ce petit ange demeura toujours les bras élevés et entr'ouverts, comme si elle voulait s'offrir à Jésus et à Marie pour l'expiation des péchés des hommes, et afin d'attirer la protection céleste sur le souverain Pontife, Pie IX, se conformant ainsi aux intentions de sa très-pieuse mère. Mais la piété de la reine Margherita ne se contenta pas de cela. Ainsi qu'elle l'avait déjà fait pour ses autres enfants, elle conduisit sa petite fille nouvellement née à Notre-Dame de Lourdes, et y renouvela l'offrande de sa Béatrix. Voilà de beaux exemples de piété dignes d'être imités par toutes les dames vraiment catholiques.

La grande piété de cette admirable Reine ne l'empêche pas de se livrer avec une extrême activité aux œuvres de charité. On voit parfaitement vérifiée en elle cette parole de saint Paul : « La piété est utile à tout. » Quelques jours avant ses dernières couches, Dona Marguerite avait envoyé au huitième bataillon navarrais un magnifique étendard, sur lequel était une image brodée de la Vierge Immaculée, avec l'inscription : *Mater purissima, ora pro nobis*. De l'autre côté se trouvaient les Sacrés-Cœurs de Jésus et de Marie, avec les armes d'Espagne. L'ensemble formait un travail très-fin et fort riche.

Mais une chose surtout fait ressortir l'activité et la charité de cette Reine, c'est l'œuvre des ambulances, fondée et dirigée par elle avec tant d'intelligence. Tous s'accordent à dire que, surtout grâce à elle, les blessés des deux armées indistinctement, confiés aux mains des sœurs de la Charité et des frères de Saint-Jean-de-Dieu, sont soignés avec tant d'ordre et avec une charité si véritable, qu'on ne peut rien désirer de mieux, et que la philanthropie moderne est bien loin d'offrir quelque chose de semblable. Les dames de Lisbonne se sont empressées de venir, par leurs généreuses offrandes, au secours de cette noble Reine, qui les en a remerciées cordialement par une lettre très-touchante où elle parle de ses chers blessés et de leurs besoins avec la sollicitude et la tendresse d'une mère pour ses enfants. Les dames italiennes ont suivi l'exemple des dames de Lisbonne ; et par l'entremise des dames de Bologne, elles lui envoyèrent un grand nombre de caisses contenant des objets de toute espèce destinés aux blessés. Elle les en remercia avec des paroles de sincère reconnaissance [1].

Après les horribles barbaries commises par les ordres du gouvernement républicain dans le territoire d'Abarzuza, qui fut mis à feu et à sang et réduit au plus affreux état, Marguerite, au milieu de la désolation générale, vint la première au secours de la population et envoya tout de suite seize mille réaux et une quantité d'objets pour les ambulances.

La punition du ciel est tombée sur l'auteur principal de ces crimes, et Concha, frappé d'une balle dans le ventre, est allé rendre compte à Dieu des cruautés qu'il avait commandées ou laissé commettre. Don Carlos, dans son magnifique manifeste qu'il adressa à ses soldats après la bataille, ne pensa pas pouvoir mieux les récompenser qu'en leur présentant son admirable épouse qui valait pour eux une mère. Voici comment il termine sa proclamation : « Le Dieu des armées, pour la gloire duquel nous combattons, a multiplié votre énergie et vous a aidé à confondre l'orgueil de celui qui avait juré la destruction et l'extermination de ce pays fidèle. Il l'a fait mourir à vos pieds, justement le jour où l'Église célèbre l'appa-

---

[1] Peu après, comme on peut le voir dans le *Cuartel Real* du 16 mai, non-seulement en Portugal et en Italie, mais encore presque dans tout le monde civilisé on vit se répandre cette belle société de dames en faveur des blessés. En France, en Allemagne, en Angleterre, en Belgique, des comités de dames furent formés, et les dames de Lorraine se firent remarquer par les sommes considérables qu'elles donnèrent.

rition de saint Jacques à Clavijo, quand le saint fut aperçu à cheval dans les airs, durant la bataille de Don Ramiro, et tailla en pièces les phalanges mauresques. Vous avez été admirables ; vous avez surpassé même mes plus grandes espérances. J'ai voulu, à cause de cela, vous présenter à la Reine, afin qu'elle aussi partage ma joie. »

La Reine se montra bien à la hauteur de sa grande mission. Les ovations et l'enthousiasme indescriptible avec lesquels on l'accueillait partout où elle allait ne satisfaisaient pas son cœur. Elle voulut se montrer plus mère encore que reine. On la vit donc aller d'hôpital en hôpital, d'ambulance en ambulance, servant tout le monde avec une bonté maternelle, et soignant les blessés de ses propres mains ; compatissant à leurs peines et laissant partout des souvenirs et des traces d'une charité dont le cœur d'une mère a seul le secret.

VIII

LE PÈLERINAGE ET LES ASSASSINS.

Après avoir parlé de la piété de la reine Marguerite, je suis naturellement amené, en suivant l'ordre des faits qui se sont succédé en ces mêmes jours dans le centre de l'Espagne, à dire aussi quelque chose du frère bien-aimé de Don Carlos, Alphonse ou Ildephonse, comme on l'appela au baptême, et de sa digne épouse, Marie de las Nieves. Ils furent, de la part de la Providence, l'objet d'une sollicitude toute particulière, et ils donnèrent de grands exemples de piété; raison de plus pour raconter différents traits qui les concernent, puisque tout ceci rentre dans le but que nous avons eu en écrivant cet opuscule.

Je commencerai par faire mention des dangers auxquels, par la grâce de Dieu, ils échappèrent, alors que, après avoir été amenés en France pour des affaires importantes, ils retournèrent la seconde fois au centre de l'Espagne afin d'y diriger, avec une valeur à toute épreuve, les opérations de la guerre déjà si bien commencées par Don Alphonse. Avant de rentrer en Espagne, Don Alphonse voulut faire avec Dona Marie, son épouse inséparable, un pieux pèlerinage à Notre-Dame de la Salette, pour implorer la maternelle protection de la Sainte Vierge qui devait encore, comme elle l'avait fait toujours jusqu'ici, les arracher à mille dangers. Ils écrivaient à quelqu'un de leur intimité que ce pèlerinage leur avait apporté beaucoup de consolations, et les avait remplis de confiance en Dieu et en la Sainte Vierge. On va voir s'ils en avaient besoin.

Tandis qu'ils s'en retournaient, arrivés à Perpignan, ils trouvèrent dans cette ville plusieurs personnes de confiance, des généraux et des chefs, qui les conjuraient, les larmes aux yeux, de ne pas rentrer pour le moment en Espagne. Ils savaient de source certaine que, sur toute la frontière, se tenaient aux aguets, dans des embuscades, des traîtres pour les assassiner. Mais la courageuse Dona Marie, entendant ces supplications, s'écria : « Peu importe ; c'est notre devoir, et le bon Dieu nous protégera ; allons. »

Ils partirent malgré tous ces avis. Mais ils étaient encore sur le territoire français, à plus de deux heures de la frontière, quand à une heure après minuit, tandis qu'ils sortaient d'une maison, une poignée d'hommes s'élança sur eux pour les tuer. Don Alphonse, Dona Marie et leur suite échappèrent à la mort en retournant dans cette maison dont ils barricadèrent les portes. Tandis qu'ils étaient là, d'autres champions de la liberté entourèrent la maison, et plusieurs hommes en blouse se placèrent, avec des revolvers, le long du chemin qui conduit en Espagne. Malgré cela, à l'aube du jour, Don Alphonse avec Dona Marie, trois autres messieurs et deux guides armés de revolvers qu'ils tenaient à la main, prêts à faire feu, sortirent courageusement de la maison, et les assassins, qui attendaient, entrèrent dans plusieurs maisons et les considérèrent attentivement, mais ils n'eurent pas le courage de consommer leur crime en plein jour. Qui les en empêcha? Si je ne me trompe, on était à la veille de la fête de Notre-Dame du Bon-Conseil ; or, il est à croire qu'elle leur conseilla de ne pas tirer sur Alphonse et sur Marie. Tout cela prouve que la Mère de Miséricorde récompense toujours, par de nouvelles grâces, les pèlerinages à ses sanctuaires.

Peu après, les nobles voyageurs rencontrèrent quelques zouaves, parmi lesquels le baron de Lazzarini, qui venaient pour les recevoir et qui les trouvèrent derrière un bouquet de bois. Arrivés à la frontière, Don Alphonse et Dona Marie eurent la douce surprise d'y trouver leur bataillon de zouaves abrité sous la bannière du Sacré-Cœur de Jésus déployée, et une escorte à cheval. Ce fut un moment de joie très-vive de part et d'autre. On leur présenta les armes; et quand Don Alphonse vit sa chère compagnie, il eut de la peine à retenir ses larmes à cause de l'émotion qui le gagna.

La musique faisait retentir les vallées; des vivats chaleureux éclataient; la joie fut extrême. Ils arrivèrent à Vich; et l'on chanta dans l'église le *Te Deum*. Le jour même, Don Alphonse, parlant du danger qu'il avait couru, écrivait ces lignes : « Nous avons des ennemis en tout lieu; mais puisque tout ce que nous faisons, nous le faisons pour Dieu, sans aucun doute Dieu nous aidera. »

Au commencement de mai, ils arrivèrent à Solsona, où ils furent logés dans le palais épiscopal. « De là, écrit Don Alphonse, à marches forcées au milieu de toutes sortes de périls, nous arrivons au fleuve de l'Èbre, avec la seule escorte de vingt-quatre chevaux et avec mon état-major, sans un seul soldat d'infanterie. Le Seigneur nous a protégés d'une manière visible; car nous avons passé au milieu de cinq à six colonnes ennemies sans être vus. Arrivés à l'Èbre, nous avons trouvé les forces de Vallès, qui nous ont reçus avec enthousiasme. Les pays de l'Èbre, et principalement celui de Flis d'où j'écris, étaient au comble de la joie; et l'on arracha au cheval de Dona Marie

presque tous ses crins pour les conserver en souvenir
d'elle. A peine arrivés, nous sommes allés à l'église,
où l'on nous a accueillis en entonnant un *Te Deum*
solennel. »

IX

DANGERS ET DÉSAGRÉMENTS NOUVEAUX.

Dans une lettre écrite de Cherta le 6 juin, Dona
Marie parle de la bataille de Gandesa, qui eut lieu
le 4 du même mois, jour du *Corpus Domini*. « Le 3,
vers six heures du soir, dit-elle, nous découvrons que
toutes les colonnes de l'Aragon marchent sur Gandesa.
Nous n'avions environ que trois cents hommes, quatre
cents au plus, et voilà que le bon Dieu nous envoie
durant la nuit un renfort qui fait monter notre nombre
à sept cents. Nous sortons donc de Gandesa et nous
campons à une demi-heure de ce lieu pour être prêts
quand nos zouaves arriveraient et chargeraient les
colonnes. »
Dona Marie raconte beaucoup d'autres choses que
je passe sous silence. Enfin, elle dit comment, le
matin à six heures, on fut averti qu'une colonne ennemie avait été lancée contre les zouaves qui devaient
rejoindre Don Alphonse. Ayant dû changer de place,
les forces furent coupées en deux tout d'un coup par
les ennemis ; les zouaves restèrent d'un côté et Alphonse
avec ses cent hommes de l'autre. Le feu des canons

et la fusillade durèrent depuis six heures du matin jusqu'à sept heures du soir, alors que les zouaves arrivèrent à gagner le chemin et à se réunir aux autres. Dona Marie raconte enfin que les deux petits bataillons qui se trouvaient à côté d'Alphonse forcèrent l'ennemi à s'éloigner de Gandesa.

Cette victoire, bien que d'une importance secondaire, ne fut pas cependant peu glorieuse aux carlistes, si l'on considère qu'ils étaient en bien petit nombre et séparés ; mais le cœur de Jésus ne pouvait oublier ses soldats au jour de la fête du Saint-Sacrement.

Dona Marie ajoute qu'ils furent bien vingt-quatre heures sans avoir rien à manger ; que les forces de l'ennemi étaient immensément plus nombreuses que les leurs, surtout la cavalerie et l'infanterie ; et le pire de tout, c'est qu'ils avaient la colonne de Salamanque déjà sur le dos ; mais Dieu les aida, et ce fait d'armes imposa beaucoup à l'ennemi.

Il est merveilleux de lire en entier la description de ces combats livrés avec si peu de monde, avec un seul petit canon, tantôt sans chefs, — ceux qui commandaient étant souvent tués ou blessés, — tantôt complétement isolés d'Alphonse qui restait seul par malentendu, fréquemment sans munitions, sans argent, sans vivres, sans qu'il soit possible de trouver une goutte d'eau pendant des jours entiers et de rencontrer un arbre, sous un ciel de bronze, sur des rochers inaccessibles, où il n'y avait aucune trace d'homme. Qui peut dire combien eut à souffrir dans cette campagne

une jeune femme délicate comme Dona Marie ! Mais
l'amour de son devoir et de son époux et la sainteté
de la cause lui faisaient supporter avec joie tous ces
inconvénients.

Le 14 juin, ils furent attaqués à l'improviste par
l'artillerie, l'infanterie et la cavalerie ; et comme l'ennemi dominait toutes les positions, ils éprouvèrent en
se retirant des pertes sensibles, étant complétement à
découvert et n'ayant pas même un arbre pour les protéger. Don Alphonse écrit de Canta-Vieja, le 1ᵉʳ juin,
qu'il était tout ému à la vue de ses pauvres volontaires
de Valence, durant ces grandes marches, au milieu
des chaleurs brûlantes. Il leur arriva une fois de faire
une étape de quarante-deux heures à travers des lieux
déserts ; six chevaux périrent, succombant uniquement
à la fatigue. « Si Dieu ne fait pas un miracle,
nous ne savons plus comment nous soutenir au milieu
de si grandes épreuves ; j'admire Marie qui est plus
résignée que moi. Je vous supplie de prier beaucoup
pour nous. »

Dans une lettre datée d'Alcala de la Selva, le 5 juillet, Dona Marie raconte comment une fois, étant à
pied, la cavalerie se retourna tout à coup et se mit à
courir si précipitamment, qu'elle eût perdu la vie, sans
une grâce du ciel qui permit à Don Alphonse d'arriver à temps pour lui donner la main et la tirer de cet
endroit, au moment où elle allait être écrasée. Elle
ajoute que mainte fois, durant un jour entier de marche,
elle ne put manger qu'un petit morceau de fromage,
sans avoir souvent une seule goutte d'eau pour boire.

X

LA VEILLE DU CARMEL ET LA PRISE DE CUENÇA.

Mais voici comment enfin la Sainte Vierge du Carmel, dont ils portaient le scapulaire depuis leur en-
fance, les récompensa ; Dona Marie écrivait de Cuença,
le 16 juillet 1874, jour de la fête de Notre-Dame du
Carmel : « Dieu soit béni ! Nous avons pris la forteresse de Cuença après soixante heures de lutte. C'est
la première capitale de province en Espagne qu'on
prend d'assaut. Cette forteresse, sa position formidable
paraissait la rendre imprenable, sans une surprise
complète, comme on voulait d'abord le faire ; mais,
malgré toutes les précautions, la surprise fut impossible,
et l'ennemi fut prévenu à temps. Nous faisons des
marches et des contre-marches terribles ; nous restons
campés trois jours et trois nuits sur d'arides rochers ;
pas un arbre au milieu d'une chaleur brûlante ; pas
d'eau, il fallait aller en chercher loin de là. Mais Dieu
nous a protégés ; l'artillerie tirait continuellement sur
nous, mais les balles nous passaient par-dessus la tête
et allaient se perdre plus loin, là où il n'y avait personne. L'ennemi opposait une résistance désespérée,
mais les derniers moments furent une véritable tour de
Babel. C'était une chose risible de voir les ennemis
sortir et rentrer de leurs excursions dans leur citadelle
dont on eût en vain cherché à se rendre maître sans

artillerie de gros calibre, et nous n'en avions pas. La prise de cette ville fut pour nous un véritable miracle. Pour y arriver, il fallait passer sur un fleuve, ou plutôt sur un grand précipice, dont le pont était fermé par une porte de fer et au milieu une traverse de grosses barres de fer. Alphonse avait bien fait tout le plan et parfaitement pris toutes ses mesures ; de son côté, le brigadier Villalam n'avait rien négligé ; mais il faut encore avouer que Dieu et la Sainte Vierge nous secoururent d'une manière très-merveilleuse. Le siége des faubourgs commença le 13 à trois heures du matin, et le 15, veille de la fête de Notre-Dame du Mont-Carmel, vers trois heures après midi, la forteresse dut se rendre à discrétion. Et ce qui rend cette victoire plus admirable, c'est que l'ennemi, avec une garnison de deux mille deux cents hommes, quatre énormes canons et cent quatre-vingts cavaliers, tomba en notre pouvoir, Alphonse n'ayant que quatre bataillons et quatre petits canons de montagne. Mais le courage et la valeur incroyable des volontaires obligèrent l'ennemi à se retirer dans son fort. Alors Alphonse fit sommer le brigadier républicain Iglesias de se rendre. Il répondit qu'il était résolu de brûler, auparavant, jusqu'à la dernière cartouche. »

On reconnaît ici le caractère espagnol et l'on comprend ainsi ce que peuvent faire les volontaires, dans le cœur desquels habite cette foi vive qui transporte les montagnes. (Ce sont les paroles du correspondant de l'*Étendard catholique monarchique,* du 17 août 1874.) J'ai vu une poignée de volontaires se jeter au milieu d'un volcan et arriver jusqu'à la barrière de fer du pont, avec la prétention de la rompre. Mais aux cris de leurs officiers, ils se retirèrent après avoir essuyé quelques pertes. Comme après quarante-huit heures ils n'avaient pas eu d'autres résultats que la perte des volontaires les plus courageux, les chefs résolurent de représenter à Don Alphonse l'impossibilité de l'entreprise. Il répondit : « Qu'on ne parle pas de retraite; je ne veux recevoir d'autre avis que celui de la prise du fort et de la captivité de tous ceux qui le défendent. Au champ d'honneur il faut vaincre toutes les difficultés. Allez à la tête de vos volontaires et soyez certains que s'ils meurent, j'irai bientôt moi-même mourir dans les tranchées ennemies. Ou Cuença pour Charles VII, ou l'armée du centre étendue sans vie au pied de ces murs. » Après ces paroles foudroyantes, on recommence l'assaut, et le feu est soutenu avec une valeur indescriptible. Enfin le 15, après des efforts héroïques, les volontaires se rendent maîtres à la baïonnette de quelques forts, et finissent peu à peu par arriver au fort le plus élevé. Ils en chassent l'ennemi. Que ce jour fut imposant! On montra partout une valeur, un enthousiasme héroïque dignes des soldats du Sacré-Cœur. L'ennemi, dans cette extrémité, ayant gagné les derniers retranchements, ne se rendit que quand il vit toutes ses tranchées, ses barricades, ses remparts détruits. Admirable victoire! Et cependant, le croirait-on? les carlistes n'eurent que vingt-cinq morts et cinquante-trois blessés. Comment un tel fait peut-il être expliqué sans un miracle de Notre-Dame du Mont-Carmel?

Mais les dangers auxquels la vie de Don Alphonse et de Dona Marie était exposée ne disparurent pas avec la prise de la ville. Quelques ennemis, qui n'avaient pu faire bonne contenance dans le combat par leur valeur, essayèrent de tirer une indigne vengeance en recourant à l'assassinat. Ils se cachèrent donc çà et là dans quelques maisons pour tuer, la nuit, à la faveur du sommeil, ceux auxquels durant le jour ils n'avaient pas su tenir tête. Plusieurs zouaves furent les victimes de cette vile cruauté. Il y avait des assassins cachés jusque dans le palais épiscopal, que Mgr l'évêque avait offert gracieusement à Don Alphonse et à Dona Marie, en venant personnellement au-devant d'eux à leur entrée dans la ville. On les découvrit le lendemain, quand Don Alphonse et Dona Marie sortaient de leur chambre. La Sainte Vierge, qui leur avait accordé une si grande victoire, les défendit aussi contre ces indignes traîtres.

Le matin, l'évêque voulut leur dire lui-même la sainte messe, à laquelle Don Alphonse, Dona Marie, et un grand nombre d'officiers et de soldats, communièrent. Don Alphonse avait proposé à Mgr l'évêque de faire chanter le *Te Deum* par un aumônier militaire ; mais l'évêque voulut le chanter lui-même.

Inutile que je fasse ici justice des accusations calomnieuses de cruauté inventées par les ennemis des carlistes, pour ternir en quelque manière, selon leur habitude, l'honneur d'une si grande victoire. Beaucoup de journaux se sont déjà chargés de cette tâche, et ce n'est pas là mon but en écrivant ces pages. La vérité, c'est que les deux mille deux cents prisonniers faits par les carlistes furent traités avec toute sorte de considération et d'égards ; et peu de jours après, Don Alphonse invita avec lui à dîner tous les officiers républicains prisonniers.

Cette victoire, à cause de toutes les circonstances qui l'accompagnent, sera célèbre dans les fastes de l'histoire. Don Alphonse sans doute ne put rester dans cette ville, et parce que les conduits d'eau furent détournés, et parce que d'autres forces trop supérieures en nombre aux siennes s'approchaient de lui du côté de Madrid. Mais, de même que cette victoire fut pour lui un grand honneur, de même le butin qu'il en recueillit ne fut pas pour lui d'une mince utilité, puisqu'il partit de là avec quatre canons de plus, et huit cents mules uniquement chargées d'armes et de munitions.

XI

DON CARLOS ET L'INSTRUCTION PUBLIQUE.

Revenons à Don Carlos et au nord de l'Espagne, où nous attendent d'autres marques de la divine sollicitude pour ce roi, et d'autres beaux traits qui révèlent ses vertus. Mais avant de suivre l'ordre de ces faits, il ne sera peut-être pas du tout hors de propos de faire ici une petite digression au sujet d'une chose qui constitue un des devoirs les plus rigoureux d'un prince catholique, et qui lui procure une grande gloire quand il en fait l'objet de ses soins les plus chers, je veux parler de l'instruction scientifique et religieuse de la nation. Parmi les autres calomnies qui ont été inventées par des hommes sans conscience pour dénigrer la réputation de Don Carlos et pour lui aliéner, autant que possible, les esprits, on a essayé de répandre aux quatre vents du ciel que son règne marquerait la décadence de la civilisation et du progrès, et inaugurerait le retour de la barbarie. De telles paroles, si l'on devait les entendre dans le sens de ceux qui les prononcent, c'est-à-dire de ceux qui appellent le bien le mal, et le mal le bien, ne seraient pas du tout en dehors du vrai ; mais puisque, dans le jargon libéral, elles tendent, par leurs sens ambigus, à tromper la multitude qui, en toute chose, n'y regarde pas de bien près, il est nécessaire d'en montrer la fausseté.

Je ne dirai pas, et personne ne pourrait le prétendre, qu'un prince conquérant, durant les bouleversements de la guerre, puisse se signaler, dans le temps même où il combat, en accomplissant les œuvres qui réclament les loisirs de la paix. Mais je puis assurer que, et par ses études solides, et par son habileté personnelle, et surtout par ses sentiments si catholiques, premier élément d'une véritable civilisation, et par tout ce qu'il a fait au milieu des occupations de la guerre, Don Carlos donne à espérer à l'Espagne tout ce qu'en temps de paix pourrait légitimement attendre, pour la résurrection des sciences et des beaux-arts, ce peuple si richement doué du côté de l'intelligence.

Déjà, à la fin de 1873 et au commencement de 1874, Don Carlos, au milieu des combats et du bruit des

armes, pensait à replacer sur de solides bases l'instruction publique. En mars 1874, il donna l'ordre du
rétablissement de l'université littéraire dans la ville de
Ognâte. Il voulut lui-même en présider l'ouverture vers
la fin de l'année, lui donnant ainsi une plus grande
solennité et un nouvel élan.

Le 14 février de la même année, Don Carlos avait
fait un décret par lequel il ordonnait d'ouvrir des
écoles sur tout le territoire soumis aux armes carlistes.
Mais ce qui importe plus, c'est le soin qu'il voulut
qu'on prît pour conserver l'innocence de la jeunesse,
employant toutes les précautions possibles afin d'empêcher la corruption de son cœur, ordonnant dans ce
but qu'on usât de. la plus grande prudence dans le
choix des livres; exigeant que les professeurs et les
maîtres unissent une instruction solide à des mœurs
irréprochables, et que l'enseignement fût parfaitement
orthodoxe, surtout en ce qui regarde la religion et la
philosophie. Tel fut l'ordre donné par le secrétaire
de Don Carlos le 3 février 1874.

Le 31 juillet, fête de saint Ignace, il se rendit à
Loyola, où, en dépit de toute la jésuitophobie du
monde, il satisfit largement sa dévotion dans la chapelle du fondateur de la Compagnie de Jésus. Là, il signa
le décret par lequel il ouvrait, à Nergara, un séminaire
sous la direction de l'évêque d'Urgel. On dit aussi qu'il
signa un autre décret pour l'ouverture d'un collége,
dont la direction devait être confiée aux jésuites; mais
le tumulte des armées, campées non loin de là, rendait
impossible pour le moment l'exécution de ce dessein.

Il suffit d'avoir esquissé ces choses auxquelles beaucoup d'autres pourraient encore être ajoutées, pour que chacun voie ce que, en temps de paix et en dehors des occupations continuelles de la guerre, Don Carlos pourrait faire pour la restauration de l'Espagne et pour la résurrection scientifique et morale de ce pays.

XII

L'OFFRANDE DE L'ÉPÉE ET LA RÉCOMPENSE.

Quant à la résurrection morale de l'Espagne, selon moi, on n'en peut douter, il n'y a de prince plus propre que lui à atteindre un tel but, s'il est vrai que l'exemple des princes a sur les peuples la plus grande influence. Il a déjà donné tant et de tels exemples des vertus morales et religieuses, qu'il peut rivaliser avec ceux de Pelagius et de saint Ferdinand; je ne ferai qu'en citer ici quelques-uns, outre ceux que j'ai déjà rapportés.

Revenons à l'offrande de l'épée dont il a été parlé plus haut. Le samedi veille du Sacré-Cœur de Marie, l'aide de camp de Don Carlos, M. Zubiri, fils du général Ollo, que Don Carlos, après la mort de son père, garda près de lui, portait au sanctuaire de Notre-Dame del Puig, près d'Estella, l'épée que Charles VII avait toujours eue à son côté, depuis son entrée en Espagne jusqu'à ce jour. Durant l'offertoire de la messe solennelle, il l'offrait au nom de Don

Carlos à l'immaculé Cœur de Marie, le jour même où l'on en célébrait la fête. Sur l'épée que Don Carlos offrait en témoignage de reconnaissance à la Sainte Vierge, qu'il regardait comme la cause de ses victoires, ayant mis en elle toute sa confiance, on lit : « Offrande à Notre-Dame del Puig d'Estella, en témoignage de ma reconnaissance, Charles. » De l'autre côté, il y a cette inscription : « Du 16 juillet 1873 au 16 juillet 1874 : Ibero, Estella, Allo, Dicastillo, Viana, Montejura, Sommorostro » (ce sont les noms des victoires remportées).

Après la messe durant laquelle l'épée fut offerte, on entonna un *Te Deum* solennel, pour remercier Dieu et la Sainte Vierge de la protection si grande et des faveurs si nombreuses qu'ils lui avaient accordées. Et l'on peut dire à bon droit que Dieu et la Sainte Vierge, après lui avoir tracé un si glorieux chemin, furent les seuls aussi pour le soutenir ; car il fut absolument abandonné de presque toutes les puissances qui, par de viles considérations, s'étaient rendues indignes de s'associer à cette bannière du Cœur de Jésus, qui fut teinte du sang de tant de martyrs inconnus de la religion, c'est-à-dire à la bannière du droit et de la justice.

Et la Vierge, qui l'avait jusque-là soutenu dans ses entreprises, lui montra alors que cette offrande lui avait été agréable, et qu'elle ne voulait pas se laisser vaincre en générosité. Les faits qui suivirent ne nous permettent pas d'en douter.

La veille donc de l'Immaculée-Conception de Marie

de l'année 1874 et le jour même de cette fête furent marqués pour les carlistes par deux splendides victoires remportées à Orvieta dans le Guipuscoa. Celle de la veille de la fête fut surtout remarquable, et seule elle suffit pour déconcerter tous les plans de Serrano. Dix mille ennemis durent reculer devant trois mille carlistes qui, les chargeant à la baïonnette, en tuèrent bien deux mille.

Ces preuves non équivoques de la protection de Marie raffermissent la foi; car si l'on considère cet enchaînement de grâces et la coïncidence des fêtes dans lesquelles ont été obtenues les plus grandes victoires, il faut avouer que la main de Marie se trouve là. Le général Egaña lui-même, dans son rapport, s'exprime ainsi : « Merveilleuse coïncidence! La victoire de l'Immaculée-Conception a commencé à l'heure même des vêpres de la vigile, tandis que, dans l'église, on entonnait le *Magnificat*. D'où il faut conclure que la Vierge immaculée, généralissime de l'armée royale, a accordé cette nouvelle victoire à Don Carlos, en récompense de l'épée qu'il lui a offerte avec tant de cœur. »

Voilà un langage digne des héros chrétiens. Depuis combien de temps l'Europe n'entendait plus parler les généraux de cette manière! De son côté, le *Cuartel Real*, dans son numéro 149, s'exprime ainsi : « Notre Roi bien-aimé, Roi véritablement catholique, confesse et attribue publiquement à Dieu et à la Sainte Vierge ses victoires. »

Il ne sera pas hors de propos d'observer, relativement à cette victoire obtenue le jour de l'Immaculée-Conception, que la religieuse Espagne s'était consacrée l'année précédente, en ce même jour, à l'Immaculée-Conception de Marie; et voici comment la Vierge sacrée sembla vouloir indiquer, en quelque sorte, quelle est l'armée du droit que toute l'Espagne devrait suivre, contre ces hommes hypocritement modérés qui prônent et caressent le libéralisme.

XIII

RELIGION ET GÉNÉROSITÉ.

Mais puisque j'ai entrepris d'esquisser légèrement quelques traits concernant les vertus et la religion de Don Carlos, je ne veux pas omettre ici de raconter un fait qui arriva peu de jours après l'Immaculée-Conception de cette même année. Ce trait suffira peut-être pour montrer que, si Don Carlos a une grande confince en la Vierge bénie, la dévotion qu'il professe ouvertement à l'égard du Sacré-Cœur de Jésus, présent dans le Très-Saint-Sacrement, n'est pas moins profonde. Aussi, outre ses fréquentes communions et l'habitude qu'il a de porter sur sa poitrine l'image du Sacré-Cœur, la faisant aussi flotter triomphante sur ses étendards, il ne laisse échapper aucune occasion pour montrer à tous ce que doit faire un véritable catholique qui n'a pas honte du saint Évangile.

Il y avait un jour à l'endroit où se trouvait Don

Carlos plusieurs personnes malades de la petite vérole. Cette épidémie régnait dans le pays. Don Carlos passait tandis qu'on portait le saint Viatique à un de ces pauvres malades, couché dans une chétive cabane. Que fit ce prince? Sans doute, il se rappela alors saint Louis de France, saint Wenceslas et saint Ferdinand, et comme il se trouvait là, il accompagna l'adorable Sacrement jusqu'à la pauvre chaumière. Arrivé à la porte, le prêtre qui portait le saint Viatique, craignant que Don Carlos ne prît cette maladie, lui dit tout bas à l'oreille : « Majesté, cet homme a la petite vérole. » « Cela ne fait rien », répondit Don Carlos. Il entra dans ce réduit, s'agenouilla aux pieds du malade, et avant de sortir lui donna la main pour lui prouver sa bienveillance. Le lendemain il lui envoyait une abondante aumône.

Oh! si les princes et les grands de la terre savaient apprécier et imiter au moins de loin ces exemples de vertus et de charité! s'ils savaient comme lui comprendre leur devoir et se montrer les véritables pères des peuples, peut-être on n'aurait pas à déplorer tant de changements de gouvernements, cause de si grands maux pour les populations! On crie et l'on veut de la popularité; mais là où il n'y a pas la religion et le catholicisme, la popularité est un vain nom. On veut de la philanthropie, mais le peuple sent bien que la philanthropie n'est pas inspirée par la charité; celui-là seul qui sait se vaincre lui-même sait vaincre aussi toute la répugnance qu'éprouve le grand et le riche à traiter avec bonté le petit et le malheureux.

Mais là où se montre le plus la véritable vertu d'un prince, c'est quand, par amour pour le prochain, il sait, même au milieu de la plus grande gêne, être généreux envers son ennemi et être maître de lui-même.

Et il me semble qu'en cela Don Carlos excelle, malgré les nombreuses accusations dont ses ennemis l'ont chargé. Il suffirait ici, pour les réfuter, de citer le bien qu'il a fait dans une foule d'occasions à ses ennemis eux-mêmes, voulant que ses généraux et ses soldats se comportent en tout avec eux d'une manière noble et généreuse, et que leurs blessés soient traités sur le même pied que les siens. Il se vante de cela dans une lettre où, après avoir loué la générosité de ses soldats, il termine en se plaignant de l'ingratitude de ses ennemis : « On cherche tous les moyens possibles pour noircir, par de continuelles calomnies, cette noble armée; on invente chaque jour des cruautés qui non-seulement n'existent pas, mais qui sont la chose la plus opposée à sa conduite éminemment généreuse et chevaleresque envers ses ennemis. Mais, en disant qu'on invente, je n'emploie pas le mot juste; le pis, c'est qu'on impute aux carlistes les crimes et les cruautés horribles des républicains qui, comme des hordes sauvages, mettent à feu et à sang des pays entiers. Les carlistes, au contraire, accueillent dans leurs hôpitaux et dans leurs ambulances, dirigées par Marguerite sous le nom d'*ambulances de la charité* (non de la philanthropie ou de l'humanité, mais de la *charité*), les républicains et les carlistes, et elle les traite de la même manière. »

Mais on comprendra comment Don Carlos sait se maîtriser lui-même dans les plus difficiles moments, en considérant un instant la manière dont il traita Ceballos, bien qu'on le regardât alors comme la cause principale de la délivrance d'Irun. Tandis que cette cité était sur le point de tomber au pouvoir des carlistes, ce général, au moins selon les appréciations d'alors, saisi par la crainte, prit la fuite, laissant à l'ennemi un libre passage. Don Carlos, qui était venu en toute hâte sur le lieu du combat, courait un grand danger, se trouvant tout près de l'ennemi qui s'avançait en brûlant et en détruisant toutes les demeures des pauvres paysans placées sur son chemin. Il se mit lui-même à la tête de ses troupes et dirigea la retraite avec un calme et un ordre parfaits, restant après le dernier de ses soldats, et de cette façon étant plus exposé qu'eux tous. Et cependant voici avec quelle modération il parle de celui qui était, aux yeux de tous, la cause principale de ce malheur : « La retraite de Ceballos nous a mis à deux doigts de notre perte ; mais j'ai eu la consolation d'arriver à temps sur les lieux, et de sauver huit cents hommes qui sans doute seraient tombés entre les mains de l'ennemi. Je ne me suis retiré qu'après le dernier de mes soldats. » Et dans une autre lettre il dit, en parlant de Ceballos : « Ce n'est pas moi qui juge ; il sera jugé par le conseil de guerre ; et s'il est absous, personne ne sera plus content que moi, car il est après tout un de mes généraux. »

En effet, Ceballos fut absous et Don Carlos put se

réjouir de ce qu'aucune tache de faiblesse ne venait
obscurcir la valeur d'un de ses généraux.

XIV

LES PUNITIONS DU CIEL.

Toutefois s'il y a dans le cœur de ce prince une telle
douceur qui lui permet non-seulement d'être maître
de lui-même dans les plus difficiles moments, mais
encore de supporter en paix et avec calme les plus
noires calomnies, rendant, conformément aux ensei-
gnements de l'Évangile, le bien pour le mal, Dieu a
voulu, dans un grand nombre d'occasions, exercer lui-
même sa vengeance sur la terre, afin de réprimer un
peu, s'il est possible, l'audace de ceux qui croiraient
par hasard pouvoir impunément, à l'endroit de cette
cause, faire le mal, calomnier à leur gré, et employer
toute espèce de moyens pour arriver à leur misérable
but.

Je ne rapporterai que quelques faits sur ce sujet;
le lecteur jugera.

Pour suivre l'ordre du temps, puisque j'ai commencé à parler des affaires d'Irun, chacun sait quelles
barbaries inconnues en Europe depuis bien des années
furent commises par les républicains, qui répandirent
la désolation parmi les populations innocentes des
alentours et déchargèrent sur elles leur colère, passant
au fil de l'épée les femmes, les vieillards et les enfants,

brûlant leurs maisons et ravageant à plaisir leurs campagnes. Don Carlos en gémit et en pleura de compassion ; mais, sauf ce que le devoir de la plus douce et de la plus humaine justice réclame, il se contenta de secourir dans la mesure du possible cette population désolée et de prendre part à ses maux, laissant à Dieu le soin de faire par lui-même justice complète. Dieu le fit. Car, outre que ces barbaries montrèrent à tout le monde le vandalisme des républicains, et que quiconque l'a voulu a pu connaître et constater que les cruautés faussement attribuées aux carlistes sont entièrement l'œuvre de ces mêmes républicains, la main de Dieu s'est appesantie sur ces scélérats d'une manière visible. Don Carlos, dans une de ses lettres, et le *Cuartel Real,* dans son numéro 137 du 19 novembre, nous apprennent que, tandis que mille de ceux qui avaient pris part à ce vandalisme revenaient sur un vapeur, le navire fut renversé par la tempête, et les mille incendiaires furent engloutis et submergés dans les flots de l'Océan. On va d'une nouvelle à une autre ; mais ceux qui, dans le cours et les détails des événements, s'arrêtent à considérer les jugements de Dieu, sont peu nombreux. Ce n'est pas assez.

Quelques jours après, un tel ouragan se déchaîna sur la pauvre Irun, déjà si désolée par les incendies, que deux fois la foudre tomba en faisant un grave dommage, la première fois sur le fort Saint-Martial et la seconde fois sur la maison d'Obrizo. Ce fait, arrivé au mois de décembre, ne laisse pas de sembler merveilleux. Quelques soldats (on parle de seize) furent frappés de la foudre, et d'autres républicains périrent sous les ruines. Bref, sans que les carlistes aient tiré un seul coup de fusil, de trente à quarante hommes moururent. Qui ne voit le jugement de Dieu dans ces faits? Ce n'est pas assez. Plus d'un millier de ces vandales furent passés à la baïonnette, dans une des batailles suivantes, et Loma lui-même, leur fauteur, fut frappé d'une balle.

La Prusse, après mille subterfuges politiques qui furent tous découverts et ne purent réussir, n'aboutissant qu'à compromettre son honneur, voulut cependant essayer de toute manière d'intervenir, en envoyant sur les côtes un navire; mais le navire fit naufrage. La presse malveillante se hâta, dans cette occasion, de dire que les boulets carlistes l'avaient coulé à fond. Mais il fut démontré à la face de l'univers qu'elle mentait, selon son habitude. Le capitaine lui-même et le pilote attestèrent au monde entier que les balles carlistes ne furent pas la cause du naufrage, mais la tempête; et pour donner une marque de satisfaction aux carlistes dont ils avaient reçu des secours considérables et empressés, et non des avaries, le capitaine voulut leur faire présent de l'unique canon qui lui restait.

Pour montrer comment le Seigneur s'est chargé de punir ceux qui ne cessent de dénigrer les carlistes par des actes et des calomnies de toute espèce, je veux raconter ici un fait très-singulier qu'on lit dans le *Gratzer Volksblatt* du 18 septembre 1874. On avait fait une pièce de théâtre intitulée *les Carlistes*, dans laquelle les troupes carlistes étaient traitées de la manière la plus infâme et la plus indigne. Cette œuvre, pour la première fois, fut représentée à Vienne même. On espérait retirer les plus grands applaudissements de ce spectacle ; mais la comédie se changea bientôt en tragédie ; car, tandis qu'un acteur (Lebrecht) simulait le saut d'un carliste du haut d'un rocher, il tomba mort !... Malgré cela, on voulut reprendre cette pièce à Grætz ; mais l'acteur Starke, arrivé à l'endroit où il faut faire ce saut, fut saisi d'une frayeur soudaine, et, ne pouvant s'y résoudre, il se retira. Alors l'administrateur du théâtre [1], qui est père d'une nombreuse famille, traitant de lâche cet acteur et l'accablant de reproches, s'avança pour faire le saut lui-même ; mais sa bravoure lui coûta assez cher, car il se rompit une côte. Ce fait n'a pas besoin de commentaires. C'est ainsi que le Seigneur ne veut pas laisser impunies les injures qu'on fait aux carlistes et les calomnies dont on les charge.

XV

AMOUR ET CORRESPONDANCE.

Le but que je m'étais proposé en composant cet écrit est un but uniquement religieux ; et si j'ai touché à l'histoire et à la politique, ce n'était qu'incidemment. Je n'ai donc pas fait autre chose que de

[1] Hausbesorger.

4.

montrer la Providence et le secours du ciel en faveur de Don Carlos et de la noble cause pour laquelle il combat, et j'ai dit seulement quelques mots çà et là, quand le besoin de le faire se présentait, sur la valeur, l'activité et les sacrifices de ce jeune prince dans son zèle à soutenir, à favoriser, à conduire à bonne fin, avec une si grande énergie, la noble cause et la haute mission que le devoir lui impose.

Mais il me faudrait maintenant faire de ce point le sujet d'un court récit. Car enfin, Dieu même, dans sa providence spéciale, ne veut pas d'ordinaire faire des miracles ; son intervention consiste surtout à soutenir les efforts humains en leur donnant son secours selon le proverbe vulgaire : aide-toi, et le ciel t'aidera. Pour me tenir encore en cela dans la sphère religieuse, je ne ferai ici qu'exposer la fin et les moyens qui, dans l'énergie et l'activité que Don Carlos déploie, montrent sa profonde piété.

Et d'abord, il n'en faut pas douter, comme je l'ai déjà dit au commencement, quelque chose de plus qu'un vain désir de gloire et de domination anime intérieurement le cœur de ce roi et le pousse à accomplir tant d'actes de valeur, de générosité et de patience presque héroïque : c'est le sentiment du devoir et l'amour de la religion. Lui-même le confesse et le proclame à la face du monde entier. Pour en être convaincu, il suffit de lire ses proclamations, ses discours, ses lettres, surtout celle qu'il écrivit à Mgr l'évêque d'Urgel, déjà publiée dans beaucoup de journaux.

La Reine Marguerite, sa digne épouse, interprète fidèle et témoin des religieuses intentions de son époux, ne tient pas un autre langage. Dans une lettre qu'elle écrit afin de remercier un monsieur qui lui avait envoyé de l'eau du Jourdain pour le baptéme de sa petite Béatrix, elle déclare et répète que « Charles et ses troupes ne se battent que pour la gloire du Cœur de Jésus ». De là les expressions dont se servent ces nobles époux en parlant de leurs soldats qui versent leur sang sur le champ de bataille, et donnent leur vie pour la défense de cette cause. Ils ne les appellent pas d'un autre nom que de celui de « martyrs inconnus de la religion et du droit ».

Et en vérité, il n'y a, selon moi, que la religion et le droit qui pouvaient donner à Don Carlos, à ses généraux, à ses soldats, aussi bien qu'à ses bonnes populations, autant de générosité et constance qu'il en fallait pour supporter avec sérénité, avec joie même et enthousiasme tant de privations et de désagréments. Comment ne pas admirer un jeune prince qui, à la fleur de ses plus belles années, renonce à toutes ses aises et à tous les plaisirs de la vie pour se fatiguer sans relâche, comme il le fait déjà depuis quatre ans; privé de tout ce qui convient à une personne royale du plus noble sang de l'Europe? Il aime si tendrement sa famille que, quand il est loin d'elle, il a coutume de dire que tout lui manque ; et cependant il se condamne volontairement à l'exil et à l'éloignement des siens, parce que le devoir de sauver l'Espagne réclame de lui ce sacrifice. Sa fille Béatrix avait déjà un an, et il ne l'avait pas encore vue. Deux fois, étant indisposé, quand il aurait pu se rendre dans sa famille qui habitait si près de la frontière, rien ne fut capable de lui faire quitter son poste. Ah! personne ne peut dire quel sacrifice il y là pour un cœur bien né ; pour le cœur d'un père comme Don Carlos. Mais il sait et il sent qu'il est aussi le père des Espagnols ; et à cause de cela, il sacrifie tout bien particulier au devoir et au bien de son peuple. Oui, l'Espagne aime beaucoup Don Carlos ; mais Don Carlos n'aime pas moins l'Espagne, qu'il a coutume d'appeler, avec beaucoup de raison, « la fille de son cœur ».

Dès sa première jeunesse il a tout sacrifié pour l'Espagne. Pour elle et pour le devoir qu'il a de la sauver, il a passé, les premières années, des mois entiers caché dans des masures et dans des cabanes, privé même de la lumière du soleil, respirant bien souvent un air vicié, menant la vie des plus pauvres paysans, s'oubliant complétement lui-même, et sans autre pensée que celle de sauver l'Espagne. Plus tard, exposé à chaque instant au danger de perdre la vie, et accablé d'une infinité de calomnies, il s'est vu au milieu de privations et de peines dont on se ferait difficilement une idée. Telle est la vie qu'il mène encore actuellement. Mais il sent que telle est la mission que le ciel lui a confiée, et aussi, par amour pour la religion et pour son pays, il la soutient avec une constance et une confiance qui lui attirent l'admiration de ses ennemis eux-mêmes, sans jamais reculer et sans se laisser abattre par aucun revers. Et ce qu'il y a de plus merveilleux, c'est qu'ayant un cœur si sensible à toute espèce d'infortune qu'il ne voudrait pas, de son côté, être la cause du moindre mal pour personne, il continue néanmoins une guerre si acharnée, ayant la certitude que Dieu demande cela de lui, pour la défense du droit et de la justice ; et ainsi il se décharge devant Dieu de la responsabilité des malheurs résultant de cette lutte sur ceux qui le combattent obstinément.

Il a pour partager ses fatigues et les dangers de la guerre ses parents, animés comme lui des mêmes sentiments et du même esprit. Tous, comme lui, se font remarquer non moins par leur religion et leur piété que par leur activité et leur valeur. Chacun sait que les deux frères de Dona Marguerite, le prince Robert et le comte de Bardi, aussi bien que les frères du roi de Naples, les comtes de Caserta et de Bari, se sont distingués dans les combats, surtout dans ceux de Lorca et de Lacâr. « De toute manière, dit le *Times* lui-même (octobre 1874), rien ne leur fait un plus grand honneur que cet élan à partager les vœux et les travaux d'un prince de leur sang, pour gagner leurs éperons dans une guerre dont on ne peut maintenant prévoir l'issue. »

Il n'est pas étonnant que les exemples de sacrifice et de valeur donnés par le Roi et les princes du sang soient suivis avec tant d'enthousiasme par les généraux et les soldats, déjà si convaincus de la sainteté de leur cause qu'ils soutiennent ainsi avec tant d'abnégation, de courage et de valeur.

Quant aux populations, il est facile de le voir, car le fait est palpable, les privations qu'elles endurent et les sacrifices qu'elles font depuis déjà des années, avec une générosité et un enthousiasme toujours croissants, ne peuvent être inspirés ni par l'intérêt, ni par de vains motifs; il n'y a que la conviction du devoir, l'amour du droit et de la religion qui peuvent les leur imposer et les leur faire accepter librement. Mais Don Carlos, convaincu de la sainteté de sa cause, met sa confiance dans le secours du ciel, qu'il espère fermement obtenir, beaucoup plus que dans les ressources de l'activité et de la prudence humaines.

Aussi, il ne cesse de prier et de faire prier, assuré que, dans une telle cause, « les âmes pieuses, en livrant l'assaut », comme il dit, « au cœur de Jésus, feront plus que les armes et les canons ».

A la fin d'octobre 1874, Don Carlos a demandé aux évêques et au clergé des pays soumis à son autorité trois jours de prières spéciales pour le succès de ses armes, ce qui se fait partout avec un concours édifiant; mais il y a quelque chose de plus imposant encore que ces prières particulières qu'il demande à ses sujets et à ses amis : ce sont les prières que les âmes pieuses, sur tous les points de la terre, adressent à Dieu pour lui et pour sa cause. Il est véritablement merveilleux de voir comment partout, même en dehors de l'Espagne, les bons s'intéressent à cette cause, non pas comme à la cause d'un roi étranger, mais comme à une cause qui est commune à tous, comme à la cause du droit et de la religion.

En France, en Italie, en Allemagne, en Angleterre, il n'est pas un homme de bien qui ne se croie
obligé d'aider, comme il le peut, les carlistes, ou au
moins de prier beaucoup pour eux. Partout, même en
dehors de l'Europe, et, d'après la *Revista Tereziana* de
Barcelone, jusque dans l'île de Ceylan et dans d'autres
îles encore plus éloignées, il y a des âmes généreuses
et sublimes qui offrent à Dieu leurs douleurs, leurs
sacrifices, leurs pénitences et leur vie même pour le
triomphe de la cause carliste. Telle est la conviction
commune qu'ont tous les gens de bien et de la
légitimité de Don Carlos et de la sainteté de la cause
pour laquelle il combat ; et cette conviction, ils l'ont
a priori et sans connaître les intrigues des libéraux
pour obscurcir le droit et répandre des nuages sur l'histoire de la succession d'Espagne.

XVI

LE RÉSULTAT FINAL.

Quel sera le résultat final de cette guerre si chaleu-
reusement soutenue des deux côtés ? Je l'ignore ; et il
n'appartient ni à moi, ni à aucun mortel de rechercher
ce que Dieu tient en réserve dans les trésors de sa providence. Une seule chose est en notre pouvoir, c'est de
tirer des conjectures d'après l'aspect extérieur des
faits ; et, à en juger par ces apparences, il me semble
qu'il y a de nombreuses et de graves raisons pour

espérer une fin heureuse, en dépit de toutes les oppo-
sitions et de toute la perfidie du libéralisme répandu
dans le monde entier.

Le gouvernement d'Amédée, la république de Cas-
telar, la dictature de Serrano, se reconnurent impuissants, dans leurs efforts suprêmes, pour arrêter les progrès des carlistes. On dut tenter la dernière chance de
succès en recourant à la proclamation d'Alphonse XII,
encore enfant. L'année 1874 se terminait donc par
la proclamation du fils d'Isabelle, suivie le 1ᵉʳ jan-
vier 1875 du pronunciamento de Martinez Campo et
de l'armée républicaine en sa faveur, comme le dernier moyen employé pour relever un peu les esprits
abattus. Mais ce dernier moyen qui, dès le principe,
leur parut presque décisif, perd de plus en plus chaque
jour de son efficacité entre leurs mains.

Pour comprendre combien Don Carlos en fut peu
épouvanté, il suffit de lire le compte rendu de la con-
versation échangée entre lui et un correspondant du
New-York Herald :

« Je trouvai de très-bonne humeur, dit le correspondant, Don Carlos qui venait de recevoir la nouvelle du pronunciamento d'Alphonse. »

Parlant de ce pronunciamento, Charles VII disait
que, loin de nuire à sa cause, il lui était très-favorable ;
car ceci ne prouvait pas autre chose sinon que les
républicains ruinés étaient impuissants à le vaincre, et
que, à l'extrémité, on cherchait une planche de salut
dans la monarchie d'Alphonse :

« Quant à Don Alphonse, disait-il, je ne puis que

déplorer qu'il se soit rendu l'instrument d'hommes qui l'ont trahi, insulté d'une manière outrageuse. »

Le correspondant lui demanda ensuite de quel côté il croyait que le Pape et le haut clergé se mettraient.

« Sans aucun doute du côté du nouveau gouvernement, répondit Don Carlos. Sa Sainteté reconnaîtra le nouveau gouvernement de la même manière qu'elle a reconnu celui de Napoléon, et comme elle me reconnaîtrait si je montais sur le trône, et comme elle reconnaît tous les gouvernements de fait. Le Pontife a en vue les intérêts de l'Église; les considérations politiques sont pour lui d'une importance secondaire.

— Vous ne craignez donc rien du changement survenu en Espagne? repartit le correspondant.

— Mon Dieu, répondit Don Carlos, depuis que je suis entré en campagne j'ai vu tomber devant moi trois gouvernements..... Il n'y a pas de raison pour que je doive craindre quelque chose d'un quatrième : la légitimité est un rocher contre lequel se brisent tous les gouvernements éphémères. Les flots de la révolution peuvent venir furieux jusqu'à ses pieds; mais, vains efforts, ils sont contraints de s'arrêter là. »

Ce qui, plus encore que les faits dont nous parlons, nous permet d'espérer un heureux résultat final, ce sont, je le répète, les prières continuelles que les bons adressent au Très-Haut, sur toute la terre, pour l'heureux succès de la cause de Don Carlos. Aucun catholique n'en peut douter : il est impossible que les prières et les généreux sacrifices de tant d'âmes chères à Dieu n'aient pas la vertu d'appeler sur Don Carlos et sur l'Espagne catholique non libérale les bénédictions du ciel et pour le temps et pour l'éternité. Comment les cœurs de Jésus et de Marie pourraient-ils abandonner la cause de celui qui les honore tant, et auquel ils ont donné de si nombreuses preuves de leur protection ?

Enfin, je pourrais ici rapporter des prophéties recueillies déjà depuis plusieurs années par une personne prudente, digne de foi et très-intègre, sur l'heureux succès de cette campagne, à une époque où l'entreprise semblait une témérité même à bien des gens sérieux. Mais, puisque dans le siècle où nous vivons le seul nom de prophétie a coutume de choquer, je m'abstiendrai d'en parler, ne voulant, en de telles matières, donner à la conviction d'autre point d'appui que les faits et les raisons. Mais quoi qu'il en soit de la véracité et de l'importance de ces prophéties, nous ne notons cet incident que comme un fait d'histoire ; car en cela, et surtout dans les choses d'État, on doit toujours aller avec la plus grande prudence. Néanmoins, je le répète, quelle sera l'issue de cette guerre, Dieu seul le sait ; mais quelle qu'en soit l'issue pour Don Carlos quant à la succession de fait au trône, certainement tout ce que ce prince a fait jusqu'ici est déjà un résultat suffisant et impérissable, et par lequel seul tant de travaux et tant de sueurs se trouveraient bien payés. Une légion de héros qui se sacrifie au milieu des plus rudes travaux et qui verse volontiers son sang pour le droit et pour la religion, a déjà recueilli des fruits assez magnifiques dans ce fait même qu'elle accomplit.

Et cette légion, Don Carlos est à sa téte. Il y a plus : sans compter l'honneur qui revient à Don Carlos pour avoir créé de rien une armée bien aguerrie, et étre parvenu, dénué de toute ressource, à étendre de fait sa domination sur les meilleures provinces de l'Espagne, ayant maintenant presque deux millions de sujets, ce prince aura toujours le grand mérite d'une victoire et d'un triomphe moral beaucoup plus importants : je veux parler de la victoire et du triomphe remportés sur le libéralisme répandu sur toute la surface de la terre, étant le seul souverain dans tout l'univers qui n'ait pas ployé le genou devant l'idole de Babylone[1]. Il aura le mérite du triomphe et de la victoire sur les fausses maximes, et sur les faux principes de la politique moderne et sur le respect humain. Il aura le triomphe d'avoir formé une armée de héros qui surent unir à la valeur tant de religion et de piété; une armée qui, au dix-neuvième siècle, n'a pas honte de la profession ouverte de l'Évangile et ne rougit pas de porter à son côté, avec l'épée, le rosaire de la Sainte Vierge, faisant retentir de ses hymnes les vallées de l'Espagne; une armée qui est fière de porter sur sa poitrine l'image du Sacré-Cœur de Jésus. Une telle armée mérite bien une page glorieuse dans les fastes de l'histoire, aussi bien que des croisades de la Terre sainte. Don Carlos aura, en outre, le mérite d'avoir montré par quel chemin les peuples peuvent revenir à la véritable félicité, et comment la société ébranlée peut se réorganiser et recou-

---

[1] Voir les pièces justificatives, n° V.

vrer toute sa force. Il aura la gloire d'avoir donné l'exemple des plus belles vertus; d'avoir imprimé un grand élan au mouvement catholique, source unique de la véritable civilisation, et d'avoir enfin montré ce que peuvent les vrais catholiques en agissant avec unité et activité. Voilà tous les fruits magnifiques que cette guerre a déjà produits, quel qu'en puisse être, au reste, le résultat final.

PIÈCES JUSTIFICATIVES

I

DÉBARQUEMENT DE CANONS POUR LES CARLISTES A BERMEO.

La *Semaine de Bayonne*, qui est en mesure de donner des nouvelles certaines sur les affaires de l'Espagne, publie cette lettre intéressante sur le débarquement de vingt-sept canons à Bermeo :

« Zarauz, 24 juillet.

« Monsieur le Directeur,

« J'ai lu dans plusieurs journaux français des détails sur les circonstances du débarquement effectué dernièrement sur nos côtes de vingt-sept canons, destinés à l'artillerie carliste, et je dois vous dire que tous ces récits sont inexacts.

« D'une autre part, les journaux libéraux d'Espagne s'obstinent à dire que le débarquement n'a jamais eu lieu ; et comme aujourd'hui que l'affaire est consommée, il n'y a plus aucun danger à dire toute la vérité, je viens vous faire connaître les différentes circonstances de ce débarquement.

« Jusqu'à présent tous les essais tentés pour débarquer de

l'artillerie sur nos côtes avaient échoué, et nous ne savions plus à quel sàint nous vouer, lorsque le capitaine Jefferson, de la marine américaine, offrit un bateau à vapeur, si l'on en avait besoin, pour transport d'armes. D'abord ses offres furent mal accueillies, attendu que déjà l'on avait souvent eu à se plaindre de tous ces faiseurs d'offres qui, lorsqu'on les mettait au pied du mur, ou ne pouvaient plus les réaliser, ou posaient des conditions impossibles; mais le capitaine Jefferson revint à la charge avec tant d'insistance, que l'on consentit à l'écouter; et comme il proposait de garantir la valeur des objets dont on lui confiait le transport, cela donna en lui la plus entière confiance.

« Après plusieurs entrevues, il fut décidé que le capitaine Jefferson déposerait dans une maison de banque de Bayonne, avant son départ, une somme de cent mille dollars, représentant approximativement la valeur des pièces d'artillerie, caissons, munitions, etc., dont il se chargeait d'opérer le transport à ses risques et périls, et moyennant le prix de dix mille dollars, de Boston à l'un des ports de la côte cantabrique.

« Les choses étant ainsi réglées, le capitaine Jefferson s'embarqua pour son pays, à Brest, avec quatre pilotes de Biscaye et un agent carliste. Le dixième jour ils débarquaient à New-York. Là, l'agent carliste trouva un correspondant qui depuis longtemps était dépositaire des quatre batteries d'artillerie complètes, avec leurs caissons, munitions, etc., que le général Maestre avait commandées à la célèbre maison J. G. et Cie, à la fin de l'année dernière.

« Ce correspondant informa l'agent carliste que la même maison venait de terminer trois pièces d'un modèle et d'un système entièrement nouveaux : pièces de montagne de 4 se chargeant par la culasse, en acier comprimé, ne pesant que 160 livres, et lançant un obus de 4 livres à six kilomètres. L'agent carliste, après avoir reconnu l'exactitude du but, n'hésita pas à acquérir ces trois pièces pour son gouvernement. Pendant ce temps, le capitaine Jefferson mettait la dernière main aux préparatifs de son navire *le London*. Après avoir embarqué les vivres et rechanges nécessaires, il fit une ample provision de combustible, fit choix d'un équipage nombreux et éprouvé, et télégraphia à New-York, à l'agent carliste, qu'il serait prêt à embarquer les canons à Boston le 14 juin. L'agent carliste, ayant alors loué un *tug-boat*, y embarqua les vingt-sept canons avec deux cent cinquante caisses de munitions, et prit lui-même passage sur le *tug-boat* qui arrivait le 15 juin, au point du jour, à Boston.

« On se disposait à opérer le transbordement lorqu'un ordre de la secrétairerie d'État de Washington vint l'empêcher : le cabinet de la Maison-Blanche faisait savoir au capitaine Jefferson que, les États-Unis ayant reconnu le gouvernement républicain espagnol, il ne pouvait permettre que l'on chargeât, dans un port de l'Union, des armes destinées aux ennemis de ce même gouvernement.

« On croyait tout perdu de nouveau, et déjà l'agent carliste était au moment de remettre l'artillerie en magasin, lorsque le capitaine Jefferson eut une idée lumineuse : il prit le chemin de fer, arriva à Washington, et par le moyen de son beau-frère Lewis, qui était employé à la secrétairerie de la marine, il obtint que la destination de son bateau *le London* serait changée : au lieu de l'expédier pour l'Espagne, il lui donna la destination du Japon. Dès lors la surveillance cessa.

« Le 24 juin, jour de saint Jean-Baptiste, le *London* appareillait ostensiblement pour le Japon ; mais à la tombée de la nuit, il revenait sur ses pas, et venait mouiller une ancre à l'abri du cap Farewell, à six milles nord-est de Boston. Le capitaine du *tug-boat*, gagné par l'offre d'une gratification de mille dollars, faisait chauffer son bateau, et le conduisait au même point. Là, pendant une nuit splendide

éclairée par la pleine lune, le transbordement commença :
les canons furent d'abord placés à bord du *London;* puis les
caissons, les caisses de munitions, etc.; et enfin le 27 juin,
à huit heures du soir, le *tug,* ayant remis tout ce qu'il avait
à bord du *London,* s'éloigna en reprenant le chemin de
New-York, tandis que le *London,* poussant ses feux, disparut rapidement dans la direction de l'ouest.

« Ce beau vapeur, doué d'une puissante machine et d'une
marche extraordinaire, filait jusqu'à seize nœuds.

« La traversée ne fut marquée par aucun incident
sérieux. Le 5 juillet, dans la matinée, nous reconnaissions
l'embouchure de la Gironde : l'agent carliste, après être parfaitement convenu de tout avec le capitaine Jefferson quitta
le navire, et, ayant été recueilli par une barque de pilote,
fut débarqué à Arcachon dans la même matinée ; le soir il
était à Bayonne, dont il partait immédiatement, et se diri-
geait sur le port de Bermeo, à sept kilomètres de Bilbao,
point désigné pour le débarquement. Là, en effet, on avait
réuni quatre bataillons carlistes pour protéger les opérations;
en outre, une centaine de *lanchas* inutilisées pour la pêche,
puisque les croiseurs républicains les saisissent, attendaient
avec leurs équipages vaillants et déterminés, prêtes à se
transporter au point qui leur serait indiqué.

« Depuis deux jours, le télégraphe de Bilbao avait signalé
au gouverneur de Madrid que les États-Unis venaient d'envoyer un croiseur sur les côtes afin d'empêcher tout navire
américain d'opérer des débarquements d'armes pour les
carlistes. Serrano s'empressa d'écrire une belle lettre au
ministre du pavillon étoilé à Madrid pour le remercier de
cette preuve de courtoisie et d'amitié de la *République
sœur.* Le ministre des États-Unis, n'y comprenant rien,
et n'ayant reçu aucun avis de l'arrivée de ce nouveau croiseur, télégraphia à Washington le 8 juillet. La réponse lui
arrivait le 9, et disait en substance que les États-Unis

n'avaient envoyé aucun nouveau croiseur sur les côtes d'Espagne.

« Le ministre, tout ému, s'empressa de communiquer cette réponse à Serrano, qui, à son tour, télégraphia à la flotte du golfe de Biscaye de surveiller ce navire suspect. Mais il était trop tard : le prétendu croiseur américain, qui n'était autre que le *London*, avait pu entrer le 8 au soir dans le port de Bermeo. Les mesures nécessaires avaient été si bien prises, et les opérations furent poussées avec une si prodigieuse activité, que dès le 9, à cinq heures du matin, tout son débarquement était opéré et que le *London* ressortait tranquillement du port de Bermeo, sans avoir été même aperçu par la flotte espagnole et tout spécialement par la goëlette *Consuelo*, qui était tout près de là.

« Le capitaine Jefferson avait, en effet, si bien déguisé son navire, mettant en batterie dix-huit des pièces qu'il transportait, faisant manœuvrer son nombreux équipage avec la discipline et l'ensemble d'un véritable *man of war*, que tout le monde y avait été trompé, et que le pacifique *London* avait été pris pour un aviso de la marine américaine. Il faut dire que sa marche prodigieuse et ses deux hautes cheminées complétaient l'illusion.

« Je vous livre ces détails, à présent qu'il n'y a plus d'intérêt à les taire, vous autorisant à faire de ma lettre ce que vous jugerez convenable.

« Je suis, Monsieur, votre bien dévoué serviteur et ami,

« Q. B. S. M.   Juan Maria de A. »

(*Voce della Verità*, n° 176. — 5 août 1874.)

II

LE MANIFESTE DE CHARLES VII.

Espagnols,

Il y a un an aujourd'hui que j'ai tiré l'épée pour la défense de l'honneur, de la prospérité et de la grandeur de la patrie.

Une poignée de braves presque désarmés me soutenait seule alors. Nous n'avions plus de recours que notre foi, plus d'espérance que la confiance en Dieu et dans la sainteté de notre cause. L'échec, sur les champs d'Oroquieta, des efforts antérieurs contre le duc d'Aoste, aussi étranger pour l'Espagne que la république, avait découragé même ceux qui se disaient les plus courageux.

Mais Dieu a récompensé notre foi en exauçant nos vœux. Je me trouve aujourd'hui à la tête d'une armée considérable, vaillante et disciplinée, qui compte autant de victoires que de combats. Les meilleurs généraux de la révolution en sont témoins : ils sont venus tous nous combattre, et tous s'en sont allés vaincus.

La foi dans la force du droit m'a donc donné le droit de la force. Ce droit, le seul que puissent invoquer ceux qui me combattent, ne m'empêche pas d'avoir recours, une fois de plus, au bon sens des Espagnols et à l'honorabilité de tous les hommes de bien.

En vérité, l'importance et l'éloquence des événements que l'Espagne a vu se dérouler en peu de temps sont telles que mes paroles sont presque inutiles. Mon attitude et les baïonnettes de mes volontaires parlent, d'ailleurs, assez haut. J'ai promis solennellement de sauver l'Espagne ou de mourir

pour elle, et je tiens ma parole. Le monde sait bien qu'a-
vant d'en venir là, je tendais à mes ennemis la main en
signe de paix et que j'acceptais la lutte dans le Parlement,
lutte qui répugnait non moins à mes idées qu'aux désirs des
monarchistes loyaux. Mais, lorsque le triomphe allait cou-
ronner l'abnégation des fidèles, les vaincus se firent vainqueurs au moyen de l'arbitraire et de la violence. La bonne
foi trompée et la vertu bafouée eurent alors recours à moi,
et demandèrent justice avec des cris de noble indignation. Je
fus obligé de répondre à ces cris, et j'ai tiré l'épée glorieuse
de Philippe V.

Je crois néanmoins de mon devoir de manifester une fois
de plus ma pensée et le but que je poursuis dans cette
grande entreprise de la restauration de l'Espagne. Mes héroïques défenseurs n'ont pas besoin d'entendre encore ma voix ;
mais j'ai dit, dans une occasion solennelle, que *je suis le
Roi de tous les Espagnols*, et je veux le prouver en m'a-
dressant à tous, car peut-être y en a-t-il encore qui doutent
de la sincérité de mes paroles, et se laissent éblouir par la
fourberie de mes adversaires.

Étant né et élevé dans l'amour de l'Espagne, la sauver a
été la première et constante pensée de ma vie.

La loi et la tradition m'ont fait roi. En conséquence, et
pour maintenir inébranlables les principes du drapeau que
Colomb planta dans le nouveau monde, Ximenès de Cisneros
dans Oran, je repoussai la couronne que les hommes de
Septembre m'offraient avant la bataille d'Alcolea, car j'ai
toujours pensé que pour perdre l'Espagne il n'y avait que
trop de prétendants, Don Alphonse et la république y com-
pris, et que le Roi légitime devait user de son droit,
libre de tout engagement, lorsqu'il peut, comme Pélage,
entreprendre l'œuvre gigantesque de régénérer la patrie.

Un roi d'Aragon, après avoir vaincu les rebelles de son
royaume, déchira avec le poignard l'odieux privilége de

l'Union, et substitua à ce monument de licence et d'anarchie les vraies et solides chartes de la liberté. C'est aussi ce que je veux : soumettre les rebelles, déchirer avec l'épée de la justice leurs priviléges de licence, et accorder leurs chartes de liberté aux peuples.

Personne ne pourrait les accorder mieux que celui qui, soutenu par l'amour de son peuple, n'est pas obligé, pour défendre son trône, d'arracher des bras à l'industrie, ni les enfants aux mères, puisque celles-ci s'en séparent avec un généreux enthousiasme, et ceux-là se rendent toujours où sa foi et sa loyauté les appellent.

Ce que je suis et ce que je désire, je l'ai dit dans la lettre à mon frère l'Infant Don Alphonse et dans les autres documents revêtus de ma signature. Et comme un Roi gentilhomme n'a qu'une parole, ce que j'ai dit est dit, et je le confirme et ratifie.

On ne peut m'accuser de manquer de clarté dans ma parole. Des hommes faciles à faire des promesses, mais non disposés à les tenir, n'ont pas le droit de trouver douteuses les déclarations d'un Roi qui promet seulement ce qu'il est résolu de tenir. Il y a des principes éternels, immuables comme Dieu dont ils émanent. Mais il y a des doctrines politiques assujetties aux changements des choses humaines, et à la variété des circonstances et des temps ; et il serait téméraire de se compromettre par des engagements fondés sur des contingences imprévues.

L'Espagne est catholique et monarchique, et je satisferai ses sentiments religieux et son amour pour l'intégrité de la monarchie légitime. Mais ni l'unité catholique ne suppose un espionnage religieux ni l'intégrité monarchique n'a de rapport avec le despotisme.

Je ne ferai ni un pas plus en avant, ni un pas plus en arrière que l'Église de Jésus-Christ. Ainsi, je ne molesterai pas les acheteurs des biens qui lui appartenaient, et j'ai démontré, il n'y a pas longtemps, de manière à ce qu'on ne s'y trompe pas, comment j'entends la sincérité de cette déclaration.

Jaloux de mon autorité souveraine et bien convaincu que les sociétés troublées ont besoin d'une main forte qui débarrasse d'obstacles le chemin du bien, je reconnais néanmoins et j'ai toujours reconnu que les peuples ont le droit d'être écoutés de leur Roi au moyen de leurs représentants librement choisis, car la voix des peuples est le meilleur conseiller des princes, lorsque cette voix n'est pas dénaturée par la fausseté. Je veux donc une représentation légitime du pays en Cortès, sans prendre pour modèle les procédures fréquentes de la Révolution vis-à-vis de ces chambres qu'elle appelle souveraines, et que l'histoire appellera les monstrueux rejetons de la tyrannie.

Je sais que les générations se corrompent ou se régénèrent par le moyen de l'instruction publique, et je serai très-attentif en cela ; car l'Espagne et l'Europe ont pu constater que leurs grands orages se forment dans les chaires et les livres, pour aller éclater dans les Parlements et sur les barricades.

L'esprit s'afflige depuis longtemps en considérant l'état des finances espagnoles, et cet état deviendra d'autant plus désastreux que je tarderai plus d'arriver au trône de mes ancêtres. Que sur la Révolution retombe la responsabilité de ces désastres. Quant à moi, j'affirme que, s'il existe la possibilité de sauver l'état financier du pays et de relever son crédit, j'y parviendrai avec l'aide de Dieu et le patriotisme des Espagnols. Car celui-là ne peut compter en vain sur l'aide de Dieu et sur sa propre persévérance pour résoudre une pareille question, qui a vu une guérilla de vingt-sept hommes devenir, par sa fermeté, une armée puissante et invincible, attirant l'admiration du monde. Quoi qu'il en soit, l'Espagne agira comme un débiteur honnête, et elle pourra dire, en vérité, qu'elle a tout perdu fors l'honneur.

Ce serait abaisser ma dignité que de descendre à démentir les calomnies que l'on répand parmi les esprits simples, en m'attribuant le dessein de rétablir des tribunaux et des institutions qui ne s'accordent pas avec le caractère des sociétés modernes. Ceux qui ne connaissent d'autres lois que l'arbitraire et qui n'ont de l'énergie que pour s'acharner contre les vaincus et renverser ceux qui sont sans défense, ne doivent intimider personne avec la perspective de rigueurs chimériques et d'arbitraire monarchique. Est-ce que je n'ai pas cent fois démontré, vis-à-vis de mes adversaires, forcés de se rendre, que ni l'arbitraire ni la rigueur n'ont de place dans mon cœur de roi ?

J'aime l'Espagne comme un père aime son enfant, et Dieu, qui lit dans les cœurs des hommes, sait bien que je désire la gloire de cette noble terre au point d'imaginer que, peut-être, elle est destinée à inaugurer la purification de l'active et intelligente race latine, répandue dans les deux continents comme l'avant-garde de la civilisation chrétienne. Par cela même que j'aime l'Espagne, je pense à ces enfants ingrats qui, au delà de la mer, la combattent ou la méprisent, à ces enfants dont l'ingratitude s'explique par les erreurs de la mère patrie, mais qui reviendront sans doute lorsque la paix et l'ordre renaitront vigoureusement sous le règne de ma sollicitude paternelle.

Vous voyez qu'aujourd'hui comme hier j'appelle tous, même ceux qui se disent mes ennemis; je les appelle pour mettre un terme à cette guerre fratricide et jeter les fondements d'une paix durable.

Que l'ambition d'une minorité, toujours séditieuse, laisse la place à la volonté éloquente de ce peuple, qui m'acclame et me donne spontanément ses trésors et son sang; mais si le cri de la rébellion continue, je l'étoufferai par l'explosion de mes canons. L'Espagne entière fera un suprême effort pour secouer le joug qui l'opprime, et ceux qui n'acceptent pas aujourd'hui le signe de conciliation seront obligés de se soumettre à la loi impérieuse de la victoire.

Votre roi,

CARLOS.

Quartier royal de Morentin, 16 juillet 1874.

(Extrait de l'*Univers*.)

III

A PROPOS DU MANIFESTE DE CHARLES VII.

Nous n'aurions jamais cru que dans notre camp le manifeste de Charles VII, publié par nous l'autre jour, aurait trouvé des contradicteurs. On nous a murmuré à l'oreille, et nous avons aussi lu dans un journal qui se dit catholique, que, en somme, Charles VII, dans cette pièce, se montre incliné à une conciliation avec les principes du libéralisme moderne, et que son langage n'est pas correct à l'endroit où il parle des biens de l'Église.

Don Carlos promet toutes les libertés civiles honnêtes, et la représentation du peuple dans les Cortès traditionnelles de l'Espagne. Il n'y a en cela rien de *libéral* dans le sens moderne et révolutionnaire de ce mot. Il veut la *monarchie chrétienne*, et cette monarchie ne signifie ni césarisme, ni despotisme, ni licence.

Ils se trompent donc également ceux qui voient dans le manifeste de Charles VII une transaction avec les principes de 1789, comme ceux qui veulent y découvrir le retour à la politique des siècles passés. Don Carlos, si Dieu le fait monter sur le trône de ses ancêtres, ne sera pas un despote ni un *libéral;* il sera un roi chrétien.

Quant à ce qui concerne les biens de l'Église, sa parole dans le manifeste de Morentin ne pouvait pas, selon nous, être ni plus juste ni plus digne d'un roi catholique. Il a déclaré qu'il ne fera *ni un pas plus en avant, ni un pas plus en arrière que l'Église de Jésus-Christ.*

Le *Cuartel Real,* journal officiel carliste, dans son numéro du 18 juillet, commentait ainsi ces paroles :

Relativement aux biens de l'Église, dont tant d'hommes parlent avec une injuste colère ou avec une légèreté impardonnable, la délicatesse de Sa Majesté n'admet pas de réplique. Quelle est l'autorité légitime pour résoudre cette question? L'Église de Jésus-Christ, qui est propriétaire de ces biens. Qu'a dit, dans une occasion qui se présentait, le chef visible de l'Église? Qu'il n'inquiétera pas ceux qui les ont achetés ; et c'est justement cela, ni plus ni moins, que dit le Roi, sans descendre aux questions de détail qui ne regardent pas le cas présent.

La spoliation des biens de l'Église, en Espagne, a été faite depuis longtemps déjà sous le gouvernement de Dona Marie-Christine, régente de sa fille Isabelle, et sous le gouvernement de cette dernière.

Après de longues années, sur des instances réitérées et chaleureuses, et avec la promesse solennelle de réparer, dans la mesure du possible, les dommages causés à l'Église, le gouvernement d'Isabelle II obtint qu'on établit les bases d'un concordat qui fut conclu le 16 mars 1851. Les événements de 1854 donnèrent lieu à un appendice à ce concordat, et il fut arrêté le 25 août 1859.

En disant qu' « il ne fera ni un pas plus en avant, ni un pas plus en arrière que l'Église de Jésus-Christ », le roi Charles VII conforme sa conduite aux stipulations de ces concordats, et il accepte un fait qu'il trouve réglé avec le consentement du Saint-Siége. Et il était obligé de le déclarer, pour dissiper une des calomnies par lesquelles ses ennemis, les moéraux de tous pays, pensent embarrasser son chemin.

Ce n'est pas, au reste, la première fois que Don Carlos manifeste solennellement sa pensée et ses desseins.

De ses précédentes déclarations, comme de ces simples mais éloquentes paroles : « *Je ne ferai ni un pas plus en avant, ni un pas plus en arrière que l'Église de Jésus-Christ* », découle logiquement et bien clairement que Don Carlos, comme roi catholique, reconnaît que le domaine des biens ecclésiastiques a sa racine dans l'Église, et que, relativement à cette question, il obéit à l'Église et en respecte les décisions. Pour Don Carlos, l'Église et l'État sont deux sociétés distinctes, mais non séparées, qui doivent être unies sans se confondre, parce que chacune peut se mouvoir dans sa propre sphère avec ses moyens propres et particuliers d'action.

(Voce della Verità, n° 170. — 29 juillet 1874.)

IV

Un des correspondants du *New-York Heral/* a eu récemment une entrevue avec Don Carlos, qu'il rapporte dans une lettre adressée à ce journal.

« Elorio, le 4 août.

« Les monarques espagnols eurent toujours l'habitude de recevoir quiconque se présentait à eux. Il était de règle que chaque Espagnol jouissait du droit de s'adresser au souverain ; et Don Carlos, fidèle à cette tradition, n'est pas d'un accès difficile. Il se rend au milieu des paysans, converse avec eux, leur serre les mains, et ne dédaigne pas l'horrible soupe espagnole, qu'il mange avec avidité, montrant ainsi que son estomac est bien un estomac de soldat. C'est de cette manière qu'il se rend populaire : nul n'hésiterait à le suivre à la mort. Il ne fut donc pas difficile au représentant du *New-York Herald* d'obtenir une entrevue.

« Pour être reçu, il suffit de constater ce que l'on est, et ce que l'on doit être. Je trouvai le prétendant dans une très-grande maison (les paysans espagnols vivent dans des maisons qui ressemblent à des palais quant à la dimension, si ce n'est quant à la splendeur), dont le rez-de-chaussée servait d'étable. Je fus très-amicalement reçu. Le Roi, s'adressant à moi, dit :

« — Nous sommes heureux de vous voir parmi nous en qualité de représentant d'un journal sincère et impartial ; de fait, il nous est toujours agréable d'avoir des correspondants dès qu'ils nous disent la vérité et rien que la vérité. Nous ne demandons les faveurs de personne ; nous ne tenons pas à ce qu'on soit partial à notre égard. Nous ne sommes pas sans avoir commis des fautes, et c'est pourquoi nous acceptons la responsabilité de nos actions ; mais notre cause est si bonne que nous ne craignons pas la lumière du jour. Les fausses nouvelles répandues par nos ennemis sont à la fois audacieuses et persistantes, et ils peuvent, grâce aux agences télégraphiques, leur donner de la publicité.

« Nous sommes donc trop contents d'avoir d'honnêtes journalistes auprès de nous, afin qu'ils puissent se renseigner et démontrer l'absurdité des contes relatifs aux « atrocités des carlistes ». Les moyens nous manquent pour faire connaître le véritable état des choses, au lieu que nos ennemis, à force de répéter les mêmes mensonges, finiraient par faire croire au monde que nous sommes réellement les monstres, les êtres cruels qu'il leur plaît d'imaginer. Le correspondant du *New-York Herald* est donc le bienvenu.

« — J'espère, Sire, remarquai-je, que je n'aurai pas le sort du correspondant allemand, du capitaine Schmitt.

« — Ah ! dit Don Carlos, je ne pense pas que vous couriez aucun danger. Le capitaine Schmitt fut arrêté en des circonstances suspectes ; il passa devant une cour martiale, fut reconnu criminel, et fut exécuté comme espion. Néanmoins, je regrette que mon ordre d'épargner sa vie, avec celle des autres, soit arrivé trop tard.

« — Votre Majesté redoute-t-elle que cette exécution ne provoque une intervention allemande ?

« — Pas le moins du monde. Le gouvernement allemand sait très-bien que tout étranger, quelle que soit sa nationalité, qui se jette au milieu d'une guerre civile comme celle qui existe maintenant en Espagne, le fait à ses risques et périls, et quoique, je le répète, je regrette beaucoup cela, il est impossible d'empêcher que l'événement n'ait eu lieu. Quant à l'intervention, l'horreur qu'ont les Espagnols de toute ingérence dans leurs propres affaires est si grande, que l'intervention allemande me serait plus avantageuse que nuisible. Ceux qui sont contre moi se prononceraient tout de suite en ma faveur ; il n'y aurait plus qu'une armée en Espagne, et j'en serais le chef. »

« Naturellement, je ne m'attendais pas à une libre discussion de la question politique ; mais j'en entendis assez pour me convaincre que les vues du prince sont plus libérales qu'on ne le suppose généralement. Je suis certain que sa politique sera une politique de non-intervention absolue par rapport à l'étranger. Il dit :

« — L'Espagne a été tellement appauvrie par les révolutions, par les guerres et par les changements de gouvernement, qu'il lui faudrait ma vie entière pour la rendre à cette prospérité dont je voudrais la voir jouir. Ceci peut seulement être accompli dans le cours d'une longue et féconde période de tranquillité et de repos, par la culture des arts, de la paix, par le rétablissement, la consolidation des finances du pays et du crédit du gouvernement ; enfin, en rendant à l'Espagne le calme dont elle a cessé de jouir depuis Charles V. Je désire rendre à l'Espagne quelque chose de son ancienne grandeur. Telle sera ma tâche, mon unique tâche.

« — Votre Majesté a parlé des Cortès, du futur gouvernement de l'Espagne. Puis-je demander quelle sera la nature de ces Cortès ?

« — Certainement. Des Cortès entièrement et sincèrement élues par le peuple ; des Cortès qui refléteront les sentiments, les intérêts et les vœux du peuple ; des Cortès qui ne seront pas un simple corps de politiciens factieux, impuissants pour le bien et forts seulement pour le mal. Nous ne tenons pas à avoir des gens qui arrivent à la législature dans le simple but de travailler à leur propre fortune ou d'émettre des doctrines servant à renverser les bases de la société et à élever des barricades. »

« Revenant au sujet du progrès moderne et de la civilisation, le Roi dit :

« — Je désire que l'Espagne avance dans le progrès, qu'en science et en éducation elle ne reste pas en arrière des autres nations, enfin qu'elle ne perde rien des avantages pouvant la conduire à la richesse et à la prospérité. Mais il y a quelque chose de radicalement mauvais dans les courants de la pensée moderne et dans nos systèmes d'éducation. Le monde court au plus grossier des matérialismes, à un matérialisme tel que, s'il n'est pas réprimé, il amènera l'extinction de la race humaine. La cause de tout ceci remonte au système actuel d'éducation athée et aux méthodes modernes d'investigation. Les soi-disant savants du jour, que d'autres savants traiteront de sots dans vingt ans, voudraient nous voir répudier des vérités qui ont subi l'épreuve des siècles et accepter en place leurs fantastiques théories. Si je puis l'empêcher, il n'en sera pas ainsi en Espagne. La religion et l'édu-

cation marcheront de front et s'assisteront l'une l'autre ;
car, sans la religion, l'éducation est aveugle. Je n'ai pas
encore eu le temps d'élaborer un système d'éducation pour
le peuple espagnol, parce que mon attention a été absorbée
jusqu'ici par des sujets plus pressants ; mais, ajouta le Roi
avec un sourire, quand j'aurai conquis mon trône et res-
tauré la paix et l'ordre, il sera temps de s'occuper de l'éducation. »

« Quant à la question de Cuba, il se déclare absolument
contre le maintien de l'esclavage, et il assure qu'il aurait
accordé amnistie complète aux rebelles. »

V

Les journaux catholiques de France, l'*Union*, l'*Univers*, etc., publient le mémorandum de Don Carlos que le
correspondant du *New-York Herald* a communiqué à diffé
rents journaux. L'*Union*, en le publiant de nouveau, déclare
ne pouvoir en garantir l'authenticité. Et pour en donner tout
de suite connaissance à nos lecteurs, nous le publions aussi
sous les mêmes réserves :

« Aux Puissances chrétiennes,

« Roi d'Espagne par le droit et régnant de fait dans une
grande étendue de la monarchie, je m'adresse aux puissances
chrétiennes, qui ne sauraient rester indifférentes au sort
d'une grande nation dont les destinées influent certainement
sur les destinées du monde.

« Je veux être connu, je veux être jugé sur mes actes, et
non pas sur les calomnies répandues contre moi. Je veux que

la chrétienté, si elle veut prononcer entre le gouvernement innomé de Madrid et moi, sache bien l'abîme qui sépare le Roi légitime de l'iniquité de quelques aventuriers transformés en dictateurs.

« J'ai obéi à la voix du devoir et du patriotisme en confiant à la fortune des armes la revendication de ma couronne, après avoir *épuisé* tous les moyens pacifiques pour sauver mon pays bien-aimé des horreurs imminentes d'un 93 espagnol. Dieu m'a favorisé, j'ai obtenu le véritable plébiscite, celui que des milliers d'Espagnols scellent chaque jour du plus pur de leur sang.

« Sans armes, sans argent, l'Europe le sait, j'ai formé une armée avec les éléments que me fournissent l'abnégation et l'enthousiasme d'un grand peuple; j'ai vaincu l'ennemi partout où il m'a présenté le combat.

« Je le lui ai offert moi-même, et je n'ai reculé qu'une fois devant une artillerie dix fois supérieure en nombre, incomparable en portée. Et la retraite stratégique de Bilbao, dans laquelle je n'ai perdu ni un homme ni un canon, eut pour revanche éclatante la victoire d'Abarzuza. Mes avant-gardes sont aux portes de Madrid, et l'heure est proche où j'aurai complétement anéanti la république, que l'on cherche vainement à opposer à la marche de nos victoires. Mes ennemis traduisent leur impuissance par le vol, l'assassinat et l'incendie, qu'ils décrètent ouvertement et auxquels ils se livrent de sang-froid.

« Après avoir ruiné le pays par leurs fatales ambitions, ils le déshonorent par leurs crimes, le tuent par leur barbare ineptie. L'Espagne sait comme je me suis comporté vis-à-vis d'eux; j'en appelle à ceux qui ont été mes prisonniers à la ba-. taille d'Abarzuza. Eux qui sont Espagnols diront comme je les ai traités, rendant toujours justice au courage de ceux mêmes qui m'ont combattu, recevant à ma table les simples chefs de bataillon, adoucissant leur sort et finissant toujours par les mettre en liberté ou par les échanger sur la simple promesse verbale qu'il me serait rendu un nombre égal de mes prisonniers ; et cela, je l'ai fait malgré la déportation sous les climats meurtriers , appliquée à nos prisonniers tombés sous leurs mains où retenus par eux comme otages au milieu de paisibles populations.

« Mais un jour est venu où nos ennemis ont ravagé nos champs , incendié nos villages, assassiné nos blessés et commis toute espèce d'horreurs. Je ne pouvais pas le tolérer, et j'ai soumis les coupables aux rigueurs de la justice ; mais bien que les assassins et tous les incendiaires aient été condamnés à mort, je n'ai permis d'en exécuter qu'un sur dix, déclarant que, protecteur des intérêts et de la vie de mes peuples, je voulais même ici les épargner. Impuissants à autre chose et aussi lâches que vils, ils ont recours à la calomnie, m'accusant devant l'Europe, devant le monde, d'actes de vandalisme que seuls ils sont capables de commettre.

« Je proteste contre ces mensonges ; si les gouvernements et les cabinets veulent savoir la vérité, qu'ils envoient des représentants sur le théâtre de nos opérations. Les ruines d'Abarzuza, de Sabales, Villatuerta sont autant de témoins de ce que j'affirme. Ils verront ces ruines, ils jugeront, et l'on saura ainsi par eux la discipline qui règne dans mon armée, le gouvernement paternel dont j'ai doté ces provinces, les acclamations qu'elles me prodiguent, l'amour qu'elles me témoignent. même sous le coup de l'oppression énorme qui frappe sans pitié les personnes, les biens et les familles !

« J'ai hésité, — j'hésite encore, — à user de représailles en adoptant contre tous ceux qui ne sont pas directement en armes contre moi de semblables mesures ; mais, si l'on m'y oblige, je puiserai dans mes sentiments de justice la force nécessaire pour résister aux élans de mon cœur généreux, et je serai d'autant plus sévère que j'aurai plus longtemps usé de clémence.

« Les renseignements authentiques que les représentants pourront puiser sur place, et pour la recherche desquels j'accorderai toutes les facilités, vaudront mieux pour l'équité que les fausses données répandues à plaisir par leur régime de terreur qui a organisé par décret le monopole du mensonge. On a été jusqu'à m'accuser d'avoir fait fusiller un étranger pour le fait seul d'avoir été le correspondant d'un journal. — C'est faux.

« Un Allemand, le revolver au poing, à la tête d'une bande incendiaire, pris à l'entrée du village de Villatuerta, a été condamné par un conseil de guerre et passé par les armes. Ce que l'on a fait là est bien fait, — je le maintiens, — et, en pareilles circonstances, on agira de même si l'on a à juger, comme ici, un incendiaire et un espion. Du reste, un étranger qui prend part à une guerre civile se place, par le fait, en dehors des lois internationales de la guerre, et s'expose à en subir les conséquences.

« Pour ma part, et afin d'éviter des complications internationales, j'ai donné dès le début de la campagne les ordres les plus formels pour défendre d'admettre dans les rangs de mon armée les soldats et officiers étrangers qui s'offraient en masse à combattre pour ma cause.

« J'ai dit à l'Espagne, dans mon manifeste daté de mon quartier royal, le 16 juillet dernier, quelles sont mes vues de gouvernement, de finances, de religion et de politique internationale. Je confirme ici toutes ces déclarations.

« Mon drapeau est celui de l'ordre. Tous les progrès légitimes, toutes les améliorations morales et matérielles tiennent sous ses larges plis. Ceux-là qui sont venus en ressentent déjà les bienfaits, qui s'étendront bientôt sur l'Espagne et sur les colonies. Le gouvernement de la république est mort, et lui-même se déclare vaincu. Tous les organes, tous les amis du dedans et du dehors appellent une intervention étrangère comme l'espérance suprême, comme dernière ancre de salut, et cela parce qu'il n'y a pas en Espagne de force à opposer à mon armée qui s'avance, — expression et enthousiasme de la volonté nationale. — Ceci dit tout.

« Je ne crois pas qu'aucun gouvernement se décide à soutenir une cause si complétement perdue, à combattre avec les fauteurs de crimes aussi abominables et à s'associer à une politique dont la trahison fait la base, et la rapacité le mobile.

« Toutefois, si une intervention venait à se produire, forts de notre foi et de notre amour pour la patrie, nous l'attendrions avec sérénité, comme nous attendions, au début de la campagne, les bataillons de l'armée républicaine, alors que nous n'étions qu'une poignée d'hommes, que nous manquions à peu près de tout.

« Évoquant le souvenir des martyrs de l'indépendance, nous combattrions pour la victoire, ou nous saurions, jusqu'au dernier, mourir au pied de nos canons, en criant : *Vive l'Espagne !* Mais non, il n'y aura pas d'intervention, mes sentiments conciliants m'en donnent la confiance. — Je suis plein de foi dans l'impartialité des puissances chrétiennes, et je sens dans mon cœur que Dieu est avec nous.

« Je désire entretenir avec les nations les relations les plus cordiales, et, gardien de l'honneur de l'Espagne, je chercherai à sauvegarder la dignité et la grandeur que je veux lui rendre, et qui sont le plus sûr garant de la paix dont elle a besoin.

« De mon quartier royal,

« Lequeitio, 6 août 187   « Signé : CARLOS. »

PARIS. TYPOGRAPHIE DE E. PLON ET Cie, RUE GARANCIÈRE, 8.